Processos com Resultados
A busca da melhoria continuada

O GEN | Grupo Editorial Nacional reúne as editoras Guanabara Koogan, Santos, Roca, AC Farmacêutica, Forense, Método, LTC, E.P.U. e Forense Universitária, que publicam nas áreas científica, técnica e profissional.

Essas empresas, respeitadas no mercado editorial, construíram catálogos inigualáveis, com obras que têm sido decisivas na formação acadêmica e no aperfeiçoamento de várias gerações de profissionais e de estudantes de Administração, Direito, Enfermagem, Engenharia, Fisioterapia, Medicina, Odontologia, Educação Física e muitas outras ciências, tendo se tornado sinônimo de seriedade e respeito.

Nossa missão é prover o melhor conteúdo científico e distribuí-lo de maneira flexível e conveniente, a preços justos, gerando benefícios e servindo a autores, docentes, livreiros, funcionários, colaboradores e acionistas.

Nosso comportamento ético incondicional e nossa responsabilidade social e ambiental são reforçados pela natureza educacional de nossa atividade, sem comprometer o crescimento contínuo e a rentabilidade do grupo.

SÉRIE GESTÃO ESTRATÉGICA

Processos com Resultados
A busca da melhoria continuada

ANTONIO CARLOS OROFINO
Administrador de Empresas
Mestre em Sistemas de Informação Gerenciais
Consultor de Organizações Públicas e Privadas

O autor e a editora empenharam-se para citar adequadamente e dar o devido crédito a todos os detentores dos direitos autorais de qualquer material utilizado neste livro, dispondo-se a possíveis acertos caso, inadvertidamente, a identificação de algum deles tenha sido omitida.

Não é responsabilidade da editora nem do autor a ocorrência de eventuais perdas ou danos a pessoas ou bens que tenham origem no uso desta publicação.

Apesar dos melhores esforços do autor, do editor e dos revisores, é inevitável que surjam erros no texto. Assim, são bem-vindas as comunicações de usuários sobre correções ou sugestões referentes ao conteúdo ou ao nível pedagógico que auxiliem o aprimoramento de edições futuras. Os comentários dos leitores podem ser encaminhados à **LTC — Livros Técnicos e Científicos Editora** pelo e-mail ltc@grupogen.com.br.

Direitos exclusivos para a língua portuguesa
Copyright © 2009 by
LTC — Livros Técnicos e Científicos Editora Ltda.
Uma editora integrante do GEN | Grupo Editorial Nacional

Reservados todos os direitos. É proibida a duplicação ou reprodução deste volume, no todo ou em parte, sob quaisquer formas ou por quaisquer meios (eletrônico, mecânico, gravação, fotocópia, distribuição na internet ou outros), sem permissão expressa da editora.

Travessa do Ouvidor, 11
Rio de Janeiro, RJ — CEP 20040-040
Tel.: 21-3543-0770 / 11-5080-0770
Fax: 21-3543-0896
ltc@grupogen.com.br
www.ltceditora.com.br

Editoração Eletrônica: ANTHARES

CIP-BRASIL. CATALOGAÇÃO-NA-FONTE
SINDICATO NACIONAL DOS EDITORES DE LIVROS, RJ.

O82p

Orofino, Antonio Carlos
Processos com resultados : a busca da melhoria continuada / Antonio Carlos Orofino. - [Reimpr.]. - Rio de Janeiro : LTC, 2014.
(Gestão estratégica)

Apêndice
Inclui bibliografia
ISBN 978-85-216-1674-0

1. Controle de processo. 2. Gestão da qualidade total. I. Título. II. Série.

08-5292.   CDD: 658.4013
                                                 CDU: 658.562.3

Série Gestão Estratégica

● APRESENTAÇÃO ●

Quando idealizamos o desenvolvimento da **Série Gestão Estratégica**, estávamos movidos por um conjunto de constatações extraídas da realidade brasileira, suficientemente consistentes para evidenciar a existência de lacuna no desenvolvimento de novos gestores.

Já há muitos anos militamos junto ao mundo acadêmico e ao sistema produtivo.

Nossas observações foram objeto de registros nos livros que escrevemos, nos artigos veiculados em mídias diversas, nas palestras, congressos e seminários, assim como nas salas de aulas, quando ministrando cursos.

Ratificamos nossas percepções junto aos muitos profissionais que nos cercam e que durante todo o tempo de existência da revista *DECIDIR*, detentora do Prêmio Belmiro Siqueira, veicularam suas idéias nos muitos artigos publicados.

Um pensamento comum conduziu para a articulação lógica de um conjunto de competências que, além de indispensáveis ao desenvolvimento do gestor, garante-lhe um exercício profissional envolvido na necessária fundamentação.

Em cada um dos dez títulos da série existe uma história de vida, rica o suficiente para a construção de uma orientação permeada pela vivência de quem propõe.

Merecer a confiança da LTC representou para todos os envolvidos um coroamento para os bons momentos de dedicação na elaboração dos textos.

Nossa esperança reside na construção de novos profissionais de gestão, comprometidos em agregar, a cada momento profissional, práticas comprovadamente bem-sucedidas.

Conscientes que muitos são os passos da caminhada de um gestor, guardamos a esperança de que a **Série Gestão Estratégica** ofereça confiança para iniciar a trajetória.

Eraldo Montenegro
Coordenador

PREFÁCIO

Lições de mestre

Com uma sólida experiência como administrador e analista de sistemas, associada a uma consistente formação acadêmica, Antonio Carlos Orofino conseguiu, com maestria, neste seu livro, construir uma ponte que desfaz, de forma clara, o abismo que, regra geral, distancia a teoria da prática.

Se é verdade que muitas organizações conscientes (privadas ou públicas) enfrentam o desafio do aprimoramento de uma gestão profissionalizada, cujo foco esteja direcionado para a busca de uma melhoria continuada, não é menos verdade que muitas delas se perdem num emaranhado de conceitos e achismos que não conseguem lhes dar o norte adequado para o tão fundamental aperfeiçoamento de seus processos e para o tão necessário atingimento de melhores resultados.

Não há a menor dúvida, como acentua o autor, de que toda organização vive de seus resultados, e os resultados dependem da otimização de seus processos, os quais são operacionalizados pelas pessoas. Como montar uma equação aparentemente simples, mas cuja complexidade se evidencia quando uma organização procura se vetorizar pela gestão de processos com foco na maximização de seus resultados? Ao longo das páginas deste livro o autor encadeia conceitos simples, de forma didática e clara, apontando princípios que ele aprofundou em seus estudos e vivenciou em suas experiências.

Como um dos mais conceituados profissionais no campo da certificação de qualidade (ISO), ele coloca uma questão central, em torno da qual irão se desdobrar todas as demais: a reflexão em torno dos processos de uma organização que deve ter sempre como pano de fundo a figura do cliente.

Há muitos casos de organizações que se fragilizam pela perda gradual de sua clientela, como reflexo da incapacidade de buscar elos, cada vez mais fortes, no seu relacionamento com a comunidade. E, de forma imperceptível ou não, vão arranhando sua imagem ética, distorcendo sua preocupação com a qualidade e mostrando-se incapazes de reorientar

viii Prefácio

estratégias e renovar processos. São organizações que, muitas vezes, não levam a sério a lei darwiniana que também se aplica à vida das organizações e, segundo a qual, não é a espécie mais forte que sobrevive, mas a mais ágil, aquela que consegue se adaptar às mudanças que se configuram em seu contexto. Ou seja: a organização ou instituição que não se sintonizar com seu tempo, que não auscultar a pulsação de sua comunidade, que não alargar as fronteiras de sua criatividade, que não captar no horizonte as oportunidades que se abrem, que não aprimorar seus processos, que não motivar seu corpo funcional, que não se preocupar com a busca de uma melhoria continuada – essa organização corre o risco de ceder espaço à sua concorrente que esteja orientada em direção contrária. Cede espaço, enfraquece-se e pode desaparecer. O mercado é implacável. Na ambiência organizacional, os gestores, sem dúvida, se perguntarão como encontrar uma bússola que lhes permita navegar em mares muitas vezes revoltos, em rotas incertas, à busca de um porto seguro.

Muitas de suas dúvidas encontrarão respostas nas reflexões e no relato, didaticamente encadeado, que se desdobram ao longo das páginas deste *Processos com Resultados*, cujo texto é o resultado de um trabalho competente, realizado pelo autor, ao longo das duas últimas décadas, durante as quais outra coisa não fez senão envolver-se com a busca de melhores resultados através da racionalização administrativa. E fez isso levando sua colaboração profissional a muitas organizações e, simultaneamente, aprofundando seus estudos sobre o tema, o que o coloca entre os profissionais mais conceituados nesse campo.

Ninguém espere encontrar, aqui, uma solução miraculosa. Ninguém aguarde uma visão reducionista de um assunto de conhecida complexidade. Ao contrário, ele mostra o quanto o tema proposto é desafiante, o quanto ele sugere gestão firme, o quanto ele clama por conhecimento seguro, o quanto ele exige ações vigorosas, o quanto ele propõe o alargamento de horizontes e a capacidade de se livrar da mesmice que se encastela em um sem-número de organizações.

O autor, no desdobramento de um assunto que domina como poucos, acentua, como uma de suas mais firmes convicções, que "não existe organização forte com processos fracos". E acrescenta que os processos precisam ser gerenciados com eficiência.

Certamente, esta é a grande rota deste livro: oferecer uma rica reflexão aos gestores sobre como fortalecer os processos para que suas organizações sejam fortes. Ou, em outras palavras: como implementar "processos com resultados", nessa busca da melhoria continuada. As lições básicas estão contidas aqui. São lições de mestre.

Adolfo Martins
Diretor-Presidente do Grupo Folha Dirigida

OUTROS TÍTULOS DA SÉRIE

Criatividade e Inovação – Como adaptar-se às mudanças
Lygia Carvalho Rocha

Consumidor – Como elaborar o seu perfil
Lygia Carvalho Rocha

Gestão de Projetos – Como estruturar logicamente as ações futuras
Guilherme Pereira Lima

Técnicas de Reunião – Como promover encontros produtivos
Leonardo Ribeiro Fuerth

Negociação – Como estabelecer diálogos convincentes
Jorge Dalledonne

Visão Totalizante – Como promover leituras estratégicas do ambiente
Jorge Dalledonne

Inovação Tecnológica – Como garantir a modernidade do negócio
Ronald Carreteiro

Relacionamento Interpessoal – Como preservar o sujeito coletivo
Maria do Carmo Nacif de Carvalho

Faces da Decisão – Abordagem sistêmica do processo decisório
Maria José Lara de Bretas Pereira e João Gabriel Marques Fonseca

SUMÁRIO

CAPÍTULO 1 *Introdução   1*

1.1 Falhas que motivaram grandes avanços na gestão   1
1.2 Por que não é fácil eliminar atividades que não agregam valor?   2
1.3 A manutenção do foco na satisfação do cliente   3
1.4 A crença do autor   3
1.5 A organização do livro   5

CAPÍTULO 2 *Princípios Norteadores do Modelo de Gestão de Processos Orientados para Resultados   7*

2.1 Introdução   7
2.2 Por que usar a família ISO como referência?   7
2.3 Algumas informações sobre a ISO   8
2.4 Princípios norteadores do modelo proposto   10
2.5 Uma visão integrada do ciclo da prestação do serviço   11
2.6 Sobre os princípios norteadores do modelo proposto   12

CAPÍTULO 3 *Estrutura do Modelo   27*

3.1 Premissas do modelo proposto   27
3.2 Modelo de gestão baseado no ciclo PDCA   29

CAPÍTULO 4 *Fundamentos e Ferramentas   35*

4.1 Pilares dos modelos orientados à qualidade   35
4.2 Ferramentas de controle   45

CAPÍTULO 5 *Roteiro para Implantação   57*

5.1 Definição do processo a ser gerenciado   57
5.2 Definição da estratégia de abordagem do problema   57
5.3 Capacitação dos envolvidos   59
5.4 Mapeamento das funções do processo   61
5.5 Montagem do painel de controle   64
5.6 Implantação das reuniões de controle   67
5.7 Melhoria contínua do processo   67

CAPÍTULO 6 *Como as Práticas Propostas se Encaixam no Ciclo PDCA   71*

6.1 Revisão crítica dos fundamentos do modelo proposto   71
6.2 Aplicações práticas da teoria apresentada   77

xii   Sumário

CAPÍTULO 7   *Aplicação – Exemplos Concretos   79*

7.1 Ninguém é líder por acaso – A história de sucesso da GV   79

7.2 O processo de elaboração da proposta orçamentária do departamento de infra-estrutura – DIE   84

7.3 Aplicação da gestão de processo no aperfeiçoamento da administração municipal   95

Conclusão   115

APÊNDICE   *Técnicas de Levantamento, Análise e Padronização de Processos   121*

Bibliografia   135

CAPÍTULO 1

Introdução

A busca pelos ganhos de produtividade tem sido o grande propulsor dos estudos da administração. Três questões têm servido de pano de fundo para esses estudos: combate às falhas, eliminação das atividades que não agregam valor e manutenção do foco na satisfação dos clientes.

1.1 FALHAS QUE MOTIVARAM GRANDES AVANÇOS NA GESTÃO

Da contribuição dada ao estudo da administração, pela eliminação de falhas temos dois casos emblemáticos: o primeiro desastre de trens de grande repercussão na mídia, ocorrido durante a expansão da malha ferroviária dos Estados Unidos, em meados do século XVIII, e o mau funcionamento dos radiotransmissores, durante a ocupação do Japão pelos americanos, após a Segunda Guerra Mundial.

No primeiro caso, a responsabilidade sobre a investigação das causas do acidente ficara a cargo de um major do exército. A escolha deveu-se ao fato de a Academia de West Point ser o melhor centro de formação de engenheiros ferroviários da época, naquele país. Uma das conclusões a que chegou o major George W. Wistler foi a de que, mantido o modelo de informações vigente na época, a empresa jamais teria condições de atuar preventivamente sobre as causas das práticas indesejáveis que pudessem vir a ocorrer. Enfim, faltava uma sistemática de informações que desse suporte ao processo decisório daquela companhia.

Tomando por base o modelo piramidal da hierarquia do exército prussiano, ele teria proposto uma organização semelhante para definir o caminho das informações, desde as estações, base da pirâmide, passando pelos distritos regionais, até chegar ao topo, onde se concentrava o poder decisório. A criação de uma rotina de relatórios de fatos que pudessem de alguma forma influir negativamente na operação da malha ferroviária teria contribuído para a melhoria do desempenho daquela companhia. Esse fato chamou a atenção dos estudiosos de Harvard, na época às voltas com a necessidade de dar uma resposta ao crescente volume de informações decorrente da rápida expansão do setor industrial. Essa, segundo alguns historiadores, teria sido a origem da propagação do que hoje conhecemos como organograma, ferramenta usada para comunicar a hierarquia e definir as relações internas.

O segundo caso de contribuição dada pela busca da eliminação de uma falha aos estudos da administração tem sua origem atribuída ao descontentamento do general americano MacArthur, comandante da ocupação americana do Japão após a Segunda Guerra Mundial. Incomodado com a baixa potência dos equipamentos de transmissão de que dispunha para veicular suas mensagens ao país ocupado, o general decidiu solicitar o envio de pessoal do seu país capaz de contribuir para a melhoria da qualidade da indústria japonesa. Desse intercâmbio com a JUSE, entidade que congrega engenheiros e empresas, nasceu o movimento da qualidade japonês, que se tornaria referência mundial para todos os países que buscavam a melhoria contínua da qualidade e da produtividade. Esse movimento iria consagrar nomes como Feingenbauer, Deming, Juran e Ishikaw, entre outros, que contribuíram para estabelecer as bases dos programas e prêmios da qualidade hoje adotados por organizações tanto públicas quanto privadas.

1.2 POR QUE NÃO É FÁCIL ELIMINAR ATIVIDADES QUE NÃO AGREGAM VALOR?

Nem sempre encontramos receptividade favorável na hora de eliminar atividades que reconhecidamente não agregam valor ao produto final da organização em estudo. No setor privado, o mercado, implacável em relação a esse tipo de engano, pune essas organizações com a perda de clientes, a redução da lucratividade e, não raro, o desaparecimento da empresa. A questão é que o acionista, dono do capital, por vezes se permite fazer mau uso da aplicação desse capital.

Já o setor público, em que nem sempre existe a cobrança por resultados, sobretudo em relação à qualidade dos gastos, a falta de vontade política associada à acomodação dos servidores têm sido os principais responsáveis pela manutenção dessas atividades inúteis que contribuem para a ineficiência dos serviços e para o desgaste da imagem do setor perante a sociedade. Aqui, questões de ordem política muitas vezes se sobrepõem à racionalidade, sem que o servidor nada possa fazer para a reversão desse quadro.

A expressão "manda quem pode, obedece quem tem juízo" aplica-se, portanto, a ambos os setores. As causas determinantes da manutenção de atividades que não agregam valor podem ser de três categorias: políticas, culturais ou técnicas. Retomaremos a esse assunto quando abordarmos a questão da implantação do modelo de gestão de processo.

1.3 A MANUTENÇÃO DO FOCO NA SATISFAÇÃO DO CLIENTE

Por motivos relacionados diretamente ao caixa, o setor privado já possui uma compreensão mais clara da importância do cliente para a sobrevivência do seu negócio. Quanto ao setor público, que sofre com as indicações políticas para cargos estratégicos e em que o tamanho dos recursos destinados ao funcionamento da máquina estatal não está diretamente relacionado à forma como esses recursos são empregados, o foco da administração em geral privilegia a burocracia. Um dos objetivos deste livro é mostrar que a gestão de processos orientada a resultados deve ser considerada uma alternativa na busca da melhoria da qualidade do gasto público.

1.4 A CRENÇA DO AUTOR

Como não existe organização forte com processos fracos, os processos precisam ser gerenciados com eficiência. Existem dois tipos de administração dominantes:

1. Baseado num modelo lógico, articulado e sustentado por medições que permitem planejar, decidir e agir orientado por resultados. É modelo que privilegia as ações preventivas e promove um clima de esperança num futuro, em que as causas determinantes dos erros do presente não encontrem nenhuma oportunidade de sobrevivência ou de retorno.

2. Baseado na repetição de práticas ineficientes, na improvisação e em experiências adquiridas num mundo que já não existe mais. Nesse modelo, os líderes tentam solucionar os problemas usando a mesma lógica que possibilitou o seu surgimento. Denominamos esse modelo administração por susto. Aqui, a única certeza é a de que o incêndio de hoje reaparecerá amanhã, disfarçado de um novo foco, já que as causas permaneceram intocadas. A urgência do último incêndio parece anular qualquer chance de se abordar o importante. No caso, refiro-me à análise crítica do processo atual e ao planejamento de novas práticas, única esperança de que o futuro não seja exatamente igual ao presente, apenas com a data diferente.

Toda organização, seja ela pública ou privada, com fins lucrativos ou não, vive de seus resultados. Resultados são obtidos a partir do desempenho dos processos, que precisam ser otimizados e controlados. Contudo, quem faz o processo acontecer são as pessoas que nele trabalham, e que precisam estar capacitadas e motivadas.

Por todas as experiências já vividas, adquirimos a crença inabalável de que a gestão de processos é o caminho obrigatório de quem busca a melhoria do desempenho e da qualidade. Este livro tem a intenção de revelar ao leitor o conjunto de conceitos e de práticas que já utilizamos com resultados satisfatórios, tanto no setor público quanto no setor privado. Trata-se, portanto, de um arranjo lógico que espero sirva de referência à construção de outros modelos de gestão de processos, customizados para a realidade das organizações que optarem por adotá-lo. Arriscaria afirmar que nas páginas seguintes o leitor encontrará o essencial para criar seu próprio modelo de gestão de processo orientado para novos patamares de desempenho, ainda não alcançados anteriormente.

1.5 A ORGANIZAÇÃO DO LIVRO

O livro está organizado da seguinte forma:

Capítulo 1 – Introdução: são citados dois exemplos de falhas que deram uma grande contribuição para o desenvolvimento dos estudos contemporâneos da administração. Nesse intróito o autor coloca os pilares de sua crença que irão servir de fio condutor à apresentação dos princípios, conceitos e ferramentas que compõem o modelo proposto.

Capítulo 2 – Princípios Norteadores do Modelo de Gestão de Processos Orientados para Resultados: explora os conceitos e as aplicações dos três princípios orientadores da proposta: foco no cliente, orientação por processos e busca da melhoria contínua.

Capítulo 3 – Estrutura do Modelo: apresenta uma arquitetura lógica, composta pelas atividades-chave presentes no dia-a-dia do gestor de processos e orientadas pelo Ciclo da Melhoria Contínua. Nesse capítulo é enfatizada a necessidade de o gestor desenvolver a visão bipolar da gestão, cuidando simultaneamente tanto da manutenção dos patamares de desempenho já obtidos quanto do seu aprimoramento continuado.

Capítulo 4 – Fundamentos e Ferramentas: representam ferramentas essenciais do dia-a-dia do funcionamento rotineiro dos processos, bem com aquelas indutoras de ações de melhoria.

Capítulo 5 – Roteiro para Implantação: apresenta um trilho a ser seguido para se chegar ao pleno funcionamento do modelo proposto, ressalvadas as condições ambientais de cada organização.

Capítulo 6 – Como as Práticas Propostas se Encaixam no Ciclo PDCA: traz o relacionamento das praticas com as diversas fases do ciclo da melhoria dos processos.

Capítulo 7 – Aplicação – Exemplos Concretos: apresenta três exemplos que demonstram a aplicabilidade das práticas propostas em empresas do setor público e/ou do setor privado. Por fim, são destacados alguns benefícios do modelo proposto.

Apêndice – Técnicas de Levantamento, Análise e Padronização de Processos: serve de referência aos que se iniciam na atividade de racionalização administrativa.

Bibliografia: permite um maior aprofundamento em tópicos específicos citados ao longo do texto.

CAPÍTULO 2

Princípios Norteadores do Modelo de Gestão de Processos Orientados para Resultados

2.1 INTRODUÇÃO

Este capítulo aborda fundamentos essenciais para a construção do modelo de gestão de processos, focados no aperfeiçoamento contínuo do desempenho. Começaremos justificando a adoção nos requisitos da família da Norma ISO-9000 como referencial para a construção de ambientes mais produtivos. Ressalve-se que estaremos mantendo nosso foco em organizações cujos modelos de gestão ainda são pouco estruturados e naquelas cujos modelos vigentes já dão sinais de inadequação às demandas do mundo contemporâneo. Ao longo deste capítulo, recorreremos às experiências vividas no ambiente das organizações tanto públicas quanto privadas, capazes de demonstrar a aplicabilidade dos conceitos apresentados.

2.2 POR QUE USAR A FAMÍLIA ISO COMO REFERÊNCIA?

A edição do *Valor Econômico* de 3 de março de 2008 traz uma matéria do jornalista Ruy Baron sobre a certificação do gabinete do Ministro Ricardo Lewandowski, do Supremo Tribunal Federal. Nela, o ministro

8   Capítulo Dois

ressalta os benefícios que a adoção dos requisitos da Norma ISO trouxe para o gerenciamento do seu trabalho. Afirma a matéria que as medidas realizadas sobre as decisões daquele magistrado revelaram dados como os seguintes: das decisões tomadas pelo Ministro no seu primeiro ano de mandato, 90% foram individuais, ou seja, ele passou mais tempo decidindo sobre interesses individuais do que sobre causas do interesse da sociedade em geral, numa clara desvirtuação da missão daquela Corte.

Para o ministro, segundo o artigo, "o setor público não está acostumado com metas de produtividade, e essa é uma mudança cultural importante". Essa opinião é compartilhada por todos aqueles que se dispõem a trabalhar em prol da celeridade e da qualidade do setor público. O gabinete do ministro Ricardo Lewandowski obteve, recentemente, o selo de conformidade com o padrão de qualidade ISO 9001:2000.

Embora o objetivo do livro não seja o de estabelecer um roteiro para a certificação, temos a intenção de ressaltar os benefícios que os requisitos da NBR ISO 9001:2000 podem trazer, tanto para o setor público quanto para o setor privado, quando a intenção é promover a instalação de ambientes de trabalho produtivos, em que a tomada de decisão se faça com base em dados e fatos.

2.3 ALGUMAS INFORMAÇÕES SOBRE A ISO

A ISO, sigla da International Standards Organization (Organização Internacional de Normalização), e o IEC, Comissão Eletrotécnica Internacional, constituem o sistema especializado para normalização mundial. A ISO tem sede na Suíça e conta, atualmente, com mais de 65 países signatários, incluindo representantes de todos os continentes. O Brasil se faz representar naquele organismo pela Associação Brasileira de Normas Técnicas – ABNT.

As Normas ISO são organizadas em diversas famílias. A título de exemplo, as Normas que tratam do meio ambiente pertencem à família 14000. Nosso interesse restringe-se à família 9000, por tratar, especificamente, dos sistemas de gestão da qualidade. Três Normas servem de referência para este trabalho:

1. NBR ISO 9001:2000 Sistemas de Gestão da Qualidade – Requisitos, hoje utilizada nos processos de certificação dos modelos de gestão;

2. NBR ISO 9000:2000 Sistemas de Gestão da Qualidade – Fundamentos e Vocabulário, que permite o alinhamento da compreensão quanto a maioria dos conceitos adotados ao longo deste livro; e, por fim,
3. NBR ISO 9004-2:1993 da qual extraímos a visão integrada do Ciclo da Qualidade do Serviço. Vale lembrar que essa última Norma foi substituída pela NBR ISO 9004:2000 Sistemas de Gestão da Qualidade – Diretrizes para melhoria do desempenho.

Se vamos propor um modelo de gestão de processo orientado para a melhoria contínua dos resultados, convém iniciar pelo entendimento do significado desses termos. Seguem-se os conceitos e os comentários que julgamos pertinentes:

- Modelo: segundo Stephen P. Hobbins, em *Comportamento Organizacional,* p. 20, "modelo é uma abstração da realidade, uma representação simplificada de um fenômeno real".

  Comentário: O livro se propõe a apresentar um conjunto de princípios e conceitos que sustentam o modelo de gestão apresentado e capaz de permitir ao leitor adaptá-lo à realidade de seu ambiente organizacional.

- Gestão: "atividades coordenadas para dirigir e controlar uma organização" (NBR ISO 9000:2000 – ABNT, p. 18).

  Comentário: A gestão é constituída do conjunto de atos normativos, executivos e das práticas formais e informais que têm por objetivo guiar a organização, em direção ao cumprimento de sua missão.

- Processos: "conjunto de atividades inter-relacionadas que transformam insumos em produtos" (NBR ISO 9000:2000 – ABNT, p. 10). A Norma apresenta ainda duas notas relevantes ao entendimento da ISO sobre esse conceito, a saber:

  "Nota I – os insumos (entradas) para um processo são geralmente produtos (saídas) para outros processos."

  "Nota II – processos de uma organização são geralmente planejados e realizados sobre condições controladas para agregar valor."

  Comentário: A orientação por processos é um dos pilares do modelo proposto. Fácil de compreender e de expor, esse conceito não é de fácil assimilação, mesmo por pessoas que têm a responsabilidade de implementá-lo, já que somos fruto de uma formação administrativa baseada na departamentalização, ou na visão vertical das organizações, conforme veremos adiante.

- Melhoria Contínua: "atividade recorrente para aumentar a capacidade de atender aos requisitos" (NBR ISO 9000:2000 – ABNT, p. 18).

  Comentário: A busca da melhoria contínua baseada em fatos e dados é talvez a grande contribuição do movimento da qualidade ao estudo da administração contemporânea.

- Resultados ao longo do texto tomaremos os resultados como a medição tanto do desempenho quanto da conformidade com os padrões estabelecidos.

2.4 PRINCÍPIOS NORTEADORES DO MODELO PROPOSTO

O modelo de gestão de processos proposto está baseado em três princípios característicos dos sistemas de gestão da qualidade, baseados na NBR ISO 9001:2000. São eles:

1. **Foco no cliente**

   Porque as organizações existem para suprir as diversas demandas da sociedade, sejam elas de que natureza forem. O cliente constitui-se, portanto, na razão da existência das organizações, e é nas suas necessidades e expectativas que as organizações devem focar o desenvolvimento de seus bens ou serviços;

2. **Abordagem por processo**

   Significa desenvolver a visão horizontal, ou seja, a compreensão de como organização funciona e das interconexões necessárias para que isso ocorra dentro do planejamento previamente estabelecido e com a utilização ótima dos recursos necessários. O objetivo comum que deve mobilizar toda a cadeia produtiva é o atendimento dos requisitos do produto que resulta dos requisitos do cliente e dos requisitos da organização;

3. **Orientação pela melhoria contínua**

   É a força motriz dos processos orientados à qualidade. Dessa orientação surgem a perene insatisfação com os patamares já alcançados e a certeza de que é sempre possível melhorar aquilo que fizemos anteriormente.

2.5 UMA VISÃO INTEGRADA DO CICLO DA PRESTAÇÃO DO SERVIÇO

A Figura 2.1 representa o Ciclo da Qualidade do Serviço, proposto pela NBR ISO 9004-2:1993.

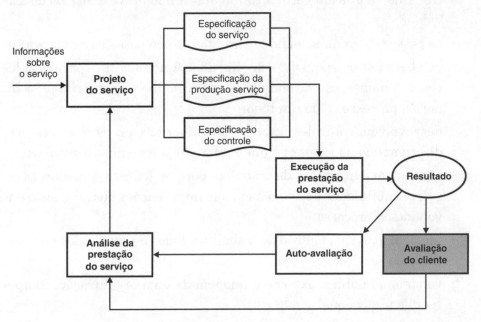

FIGURA 2.1

Portanto, o Ciclo da Qualidade do Serviço prevê, conforme a representação da Figura 2.1, as seguintes fases:

- planejamento (projeto do serviço), no qual é especificado o que vem a ser o serviço, como ele será produzido e de que forma será controlado;
- execução da prestação do serviço, que deve compreender os procedimentos a serem realizados durante a elaboração e a entrega do serviço;
- controles como avaliação externa pelo cliente e auto-avaliação do serviço feita pela organização em relação à qualidade do serviço prestado; e
- análise da prestação do serviço com base nos resultados apurados, para orientar as ações corretivas e/ou preventivas que irão compor o plano de melhoria da prestação do serviço.

Dentre os principais benefícios do uso dos requisitos da Norma na gestão de processos orientados para a melhoria contínua dos resultados, podemos destacar:

- Obrigam as pessoas a fazer uma análise crítica do seu posto de trabalho, já que em geral a rotina diária não prevê esse tipo de atividade;
- as pessoas tornam-se mais conscientes do seu papel na organização;
- estabelecem os requisitos de entrada, fundamentais para a celeridade da operação de cada posto de trabalho e, por conseqüência, para o processo como um todo;
- desenvolvem controles internos e/ou aperfeiçoam os já existentes, direcionando o foco para o que realmente é relevante controlar;
- organizam o ambiente de trabalho, porque definem com clareza as responsabilidades e a seqüência das intervenções de cada posto envolvido no processo;
- impõem o mesmo padrão de trabalho a todos os envolvidos na prestação do serviço;
- vendem ao público externo a imagem de uma organização, competente e profissional.

A seguir, passaremos a um maior detalhamento dos três princípios norteadores dessa proposta: o foco no cliente, a abordagem por processos e a orientação para a melhoria contínua.

2.6 SOBRE OS PRINCÍPIOS NORTEADORES DO MODELO PROPOSTO

2.6.1 Foco no Cliente

Tanto no setor público quanto no setor privado, a questão do foco no cliente está diretamente relacionada à visão de processo. Por que isso acontece? Porque nas organizações cujo funcionamento é vertical, ou seja, orientado pelas funções, pessoas dos postos de trabalho internos ao processo tendem a enxergar o chefe imediato como seu cliente.

Até a existência dos órgãos de O&M, o desenvolvimento das propostas de solução dos problemas organizacionais acontecia considerando-se apenas os requisitos da organização. O movimento da qualidade inverte o sentido do desenvolvimento dos projetos da prestação de serviço. Agora, tudo tem início nas demandas e expectativas do cliente, considerando-se, naturalmente, as restrições de recursos da organização que irá atender a essas demandas.

O gestor das caixinhas numa organização orientada por processos se percebe como gerente de uma unidade terceirizada, que presta serviço ao processo maior. Assim, fica mais fácil entender quais são os requisitos necessários tanto para o recebimento dos insumos (entradas) quanto para os produtos entregues ao posto de trabalho seguinte (saídas), seu cliente interno. O ajuste contínuo do foco no cliente é que causa a sinergia entre os diversos postos de trabalho que compõem os processos organizacionais, dando-lhes dinamismo e conservando sua adequação às mudanças das demandas do cliente externo.

No setor privado, o acirramento da concorrência tem obrigado as empresas a ir além do foco no cliente. Elas precisam alinhar o seu foco com o foco do cliente, ou seja, precisam ter foco no foco do cliente. Isso exige o conhecimento do negócio do cliente, numa demonstração de que a organização se coloca como uma extensão da cadeia de agregação de valor do cliente, pronta para lhe oferecer a presteza e a qualidade necessárias para garantir sua competitividade.

2.6.2 Abordagem por Processo

Atuar orientado por processo exige a quebra do paradigma da hierarquia funcional, ainda tão presente em nossas organizações. A abordagem por processos impõe a derrubada dos muros imaginários que separam duas unidades organizacionais unidas pelo fluxo de informações produzido por postos de trabalho subordinados funcionalmente a essas unidades.

A visão por processos ou horizontal traz consigo a noção de que a prioridade da informação é de quem fará uso dela para o seu trabalho, nesse caso, os operadores dos processos. Aos gerentes funcionais compete estabelecer medidas inteligentes que lhes permitam gerenciar a interface dessas conexões, mas nunca descer ao nível de operadores e/ou de conferentes. A inserção na cadeia produtiva de postos de trabalho com a finalidade de tomar conhecimento e/ou de aprovar o serviço realizado, além de não ser a melhor maneira de aumentar a confiabilidade do processo, causa, invariavelmente, o aumento do tempo de ciclo desse processo. Ressalve-se os casos onde essa aprovação é uma exigência legal.

14   Capítulo Dois

Como ilustração dessa realidade, citamos o fato presenciado numa instituição pública na qual, ao promovermos o mapeamento de seus processos internos, constatamos que o tempo médio de uma aquisição, por licitação estava em torno de um ano. Uma observação superficial sobre as possíveis causas de tanta demora revelou a presença dos seguintes problemas:

- dupla aprovação das compras planejadas: quando da inclusão na proposta orçamentária e posteriormente por ocasião do processo da compra;
- a falta da figura do proprietário do processo, por conseguinte de que monitora e cobra a observância do tempo médio de execução de cada tarefa, implica a aceitação de qualquer prazo de tramitação do processo como normal;
- uma compra feita por meio de licitação pode passar por até 120 postos de trabalho, antes da sua conclusão. Esse processo pode entrar e sair de um mesmo posto de trabalho mais de uma dezena de vezes;
- o foco da gestão do processo de compras está na hierarquia, o qual se sobrepõe a qualquer requisito do cliente.

Quando a estrutura concentra numa única pessoa, no caso o gerente, a obrigatoriedade da conferência do que entra e do que sai na sua unidade, são cometidos os seguintes equívocos:

a. estreita-se o limite da competência do subordinado, ao tratá-lo como incapaz de exercer o controle do seu posto de trabalho;
b. o gerente passa a idéia de não ser capaz de desenvolver seus subordinados, como seria sua obrigação fazê-lo; e
c. instala-se a possibilidade da criação de mais um funil no fluxo de informações.

Não foi por outro motivo que, ao implementar a orientação por processos, 60 anos atrás, os japoneses iniciaram o achatamento da pirâmide organizacional, sacrificando os supervisores, que tiveram suas atribuições de controle transferidas para os operadores da cadeia de produção. Hoje, passado quase meio século ainda encontramos fervorosos defensores desse modelo.

A Figura 2.2 ilustra a visão macro dos componentes de um processo. Dela podemos tirar dois ensinamentos importantes:

- processo tem que ser cadeia de agregação de valor. Se não existe agregação de valor ao insumo (entrada), então não se trata de um processo e sim de um cotovelo, ou de um atravessador de informações.
- o controle do processo tem que se dar ao longo de toda cadeia da produção. Se não houver um controle rígido sobre a qualidade do que entra (requisito de entrada) em cada posto de trabalho, então não há como garantir a qualidade da saída ou do produto entregue ao cliente, que teremos que arcar com o custo das perdas e/ou retrabalhos ao longo da cadeia produtiva.

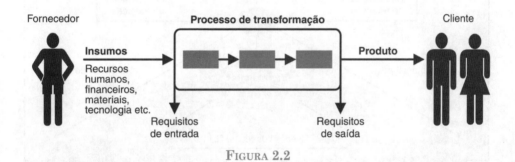

FIGURA 2.2

Ter um perfeito domínio do conceito de processo e uma clara compreensão do mecanismo de seu funcionamento é de fundamental importância para a garantia da qualidade e a melhoria contínua do desempenho dos processos.

2.6.2.1 A visão sistêmica do funcionamento da organização

Temos observado com freqüência, tanto no setor público quanto no setor privado, a predominância da visão gerencial limitada, apenas, à sua área de responsabilidade. Costumamos dizer que alguns gerentes não conseguem enxergar além do tampo de suas mesas. Essa é a principal razão da fragmentação operacional das organizações. A falta de visão do todo retarda os processos e encarece os serviços prestados, além de irritar a clientela. Como observou Peter Senge, em seu livro *A Quinta*

Disciplina, quando perguntados sobre o seu papel na organização, a resposta mais freqüente é o nome do cargo ocupado. Por exemplo, a pessoa responde que é soldador, ao invés de montador de veículo.

A Figura 2.3, ilustra a visão sistêmica de uma organização prestadora do serviço de expedição de guias.

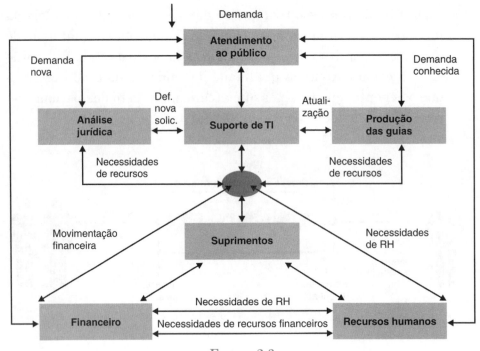

FIGURA 2.3

Diferentemente da visão estática dos organogramas, em que o fluxo de trabalho não é evidenciado, a visão sistêmica da organização mostra os relacionamentos internos, possibilitando ao gestor cumprir de forma mais eficiente sua obrigação de administrar as interfaces do processo. Quando falta ao gerente essa visão, em geral ele acaba se ocupando da execução de tarefas operacionais, gerando assim uma duplicidade de esforços e uma disfunção, tão desnecessárias quanto inconvenientes. Quando o gerente atua como operador, cria um vazio de poder, porque o operador não pode substituí-lo na função gerencial. O gerente que não desenvolve a visão sistêmica, não consegue estabelecer os indicadores realmente importantes para sua gerência e não é capaz de compreender as causas, nem as conseqüências da atuação de seus liderados.

A seguir exploraremos o aparente conflito entre as duas visões com as quais o gestor precisa conviver: a visão vertical ou departamental e a visão horizontal ou por processo.

2.6.2.2 Visão vertical *versus* visão horizontal

Na Figura 2.4, a visão de processo se sobrepõe à visão departamental para identificar os postos de trabalho da cadeia produtiva.

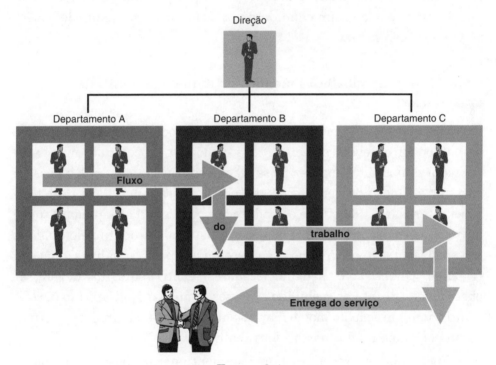

FIGURA 2.4

Temos um processo multifuncional, como são na quase totalidade os processos de negócio, ou seja, os que tratam do produto relacionado à missão da organização. A visão de processo encerra um conceito que faz toda a diferença em relação à visão departamental. Refiro-me aos "times de processos", estruturas virtuais composta pela cadeia de postos de trabalho do processo. Realizar reuniões sistemáticas dos times de processo visando analisar criticamente os resultados obtidos no período e a tendência desses resultados tem se revelado uma prática gerencial que promove o desenvolvimento individual e das equipes que dela participam. Por meio dessa prática é que se trabalham o espírito de equipe e o foco no cliente.

O oposto dessa prática acontece em função da visão centralizadora. Alguns chefes costumam chamar para si questões operacionais de nível mais baixo, não permitindo o diálogo para fora da unidade senão através deles próprios. Ao assumir o papel do operador, o gerente perde-se em atividades rotineiras, esquecendo-se de planejar as melhorias do processo. Esse tipo de atuação revela que o gerente não entendeu o seu papel, tornando-se assim candidato potencial aos programas de desenvolvimento gerencial.

2.6.2.3 Posto de trabalho: a menor estrutura de processo da organização

Por possuir todas as características de um processo, os postos de trabalho podem e devem ser encarados como um processo de menor nível na organização. Uma vez instaurada essa visão, o operador passa a assumir a função de gerente do seu posto de trabalho. Para tanto, ele precisa ter clareza de qual é o produto do seu posto. Para quem ele deve entregar esse produto? Quais são os requisitos do produto pelo qual ele é responsável? Quais insumos são necessários para a realização do seu trabalho? Quem são os seus fornecedores? Quais requisitos devem ser observados durante o recebimento desses insumos? No Capítulo 5, referente à implantação do modelo, apresentamos uma ferramenta destinada ao mapeamento dos postos de trabalho.

A Figura 2.5, representa o funcionamento de um posto de trabalho cujo produto é a confecção de relatórios, visto sob a perspectiva de processo.

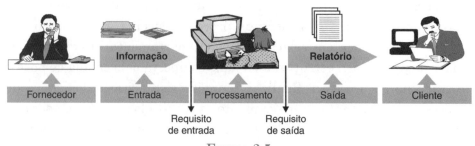

Figura 2.5

Ao pensarmos a melhoria dos processos, podemos fazer uma analogia com uma corrente, conforme Figura 2.6.

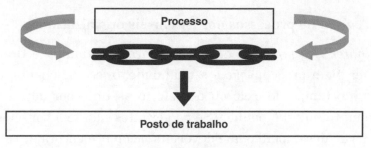

FIGURA 2.6

É sabido que uma corrente é tão forte quanto o seu elo mais fraco. Se existe o desgaste de um ou mais elos da corrente, sua capacidade de resistência fica condicionada à carga de tensão suportada pelo elo mais comprometido. Com base nesse princípio, a melhoria do processo precisa ser pensada em termos de toda a cadeia de postos de trabalho que a compõem e não pontualmente, como é hábito acontecer.

Otimizar o fluxo de informação focando um posto de trabalho, um departamento ou um setor isoladamente pode significar apenas transferência do gargalo do processo para outro posto de trabalho.

Como os processos chaves são multifuncionais, fica fácil compreender a essência da crítica de Geraldo Eustáquio à visão individualista dos gerentes de silos, ao afirmar que: "(...) as organizações estão tão departamentalizadas, cada um veste a camisa do seu pedaço e desconhece o todo". E que "isso não ocorre por má-fé, mas por ignorância". A ignorância a que se refere Eustáquio diz respeito à falta da visão de processo.

2.6.2.4 Alguns benefícios da visão por processos

Quando usada num sistema de gestão da qualidade, a abordagem de processos apresenta as seguintes vantagens, constantes do texto introdutório da NBR ISO 9001:2000: "(...) entendimento e atendimento dos requisitos; necessidade de considerar os processos em termos de valor agregado; obtenção de resultados de desempenho e eficácia dos processos, e melhoria contínua dos processos, baseada em medições objetivas".

20   Capítulo Dois

Esses são os ganhos que temos presenciado nas organizações que têm incorporado em seu modelo de gestão os requisitos da referida Norma.

2.6.2.5 A visão de processos nos três níveis organizacionais

Em *Melhores Desempenhos das Organizações*, Rummler e Brache afirmam que: "Se a preocupação é a qualidade, o foco no cliente, a produtividade e o tempo de ciclo ou o custo, o assunto por detrás de tudo isso é sempre o desempenho." Se os gerentes não têm consciência das alavancas do desempenho que deveriam acionar e encorajar os outros a acionar, é porque o quadro de seus negócios não reflete a forma como o trabalho é realizado.

Os autores desenvolvem sua proposta de abordagem a partir da visão de processos e da otimização do seu ciclo de produção. Eles trabalham segundo três dimensões organizacionais: o nível mais elevado, a que denominam nível organização, o nível da média gerência, o nível processo, e o nível operacional, traduzido como nível trabalho executor.

Para exemplificar a aplicação da visão de processos nos três níveis organizacionais, alta administração, média gerência e operação, tomaremos uma organização hipotética a que chamaremos Departamento de Infra-estrutura, cuja sigla é DIE.

Visão de processo da alta administração

No nível organização, temos a visão macro do negócio. Esse nível enfatiza o relacionamento para fora da organização. Ele é responsável pela estrutura que irá gerir os recursos da organização. O termo alta administração refere-se ao nível hierárquico mais elevado da unidade organizacional considerada. A alta administração precisa ter a visão do processo de negócio em toda a sua extensão, sob pena de tratar questões pontuais, perdendo o foco no produto derivado da missão. A escassez de recursos impõe que a alta administração tenha critérios bem definidos para priorização de suas ações. É jogo permanente de análise de causa e efeito, de relação custo e benefício, que deve estar presente em todas as decisões estratégicas. Ferramentas de gerenciamento como o painel de controle, ou outra qualquer, capaz de disponibilizar oportunamente as informações necessárias, são essenciais para o êxito do processo decisório.

A Figura 2.7 ilustra a cadeia de agregação de valor de um processo de aquisição de bens ou serviço, da organização hipotética DIE.

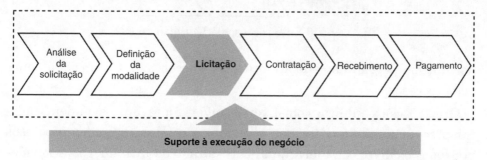

FIGURA 2.7 Visão da cadeia de valor do processo de aquisição

A alta administração precisa de indicadores capazes de lhe proporcionar a visão geral tanto do resultado do processo do negócio quanto das diversas funções que o compõem. O papel da alta administração em relação aos processos organizacionais é prover os recursos para que suas respectivas metas sejam alcançadas. Analisar criticamente os resultados obtidos e cobrar dos responsáveis ações corretivas e/ou preventivas que garantam a conformidade com o desempenho esperado.

Visão de processo da média gerência

No nível da média gerência estão as funções que dão movimento ao processo. Esse nível tem a responsabilidade de fazer os processos atingirem as metas setoriais previamente estabelecidas. Da mesma forma que na alta administração, compete ao gerente de nível médio monitorar os resultados das funções do processo sob sua responsabilidade, buscando junto à alta administração os recursos necessários ao bom desempenho do processo, na área de sua responsabilidade. O foco desse gerente deve estar nas interfaces do processo, onde em geral se estabelecem as chamadas "zonas cinza", fruto da má definição das responsabilidades.

O processo de Licitação de Obras do DIE é composto por três grandes atividades, Elaboração de Edital, Licitação e Contratação do Serviço Licitado, conforme a Figura 2.8.

Indicadores de qualidade e de desempenho de cada uma das atividades do subprocesso Contratação de Obras devem estar definidos e em condições de serem desdobrados até os postos de trabalho, nível opera-

FIGURA 2.8 Subprocesso de licitação do DIE

dor, último degrau da cadeia hierárquica necessária ao funcionamento dos processos.

Organizações públicas com diversos níveis hierárquicos tendem a adotar procedimentos que tornam obrigatória a tramitação dos processos por todos os níveis da hierarquia. O resultado da introdução de atividades que não agregam valor à cadeia produtiva no caso das organizações fortemente centralizadas é o seguinte:

- aumento do tempo de ciclo do processo;
- estreitamento da responsabilidade dos executores das tarefas operacionais;
- possível relaxamento dos executantes da tarefa em relação à qualidade do trabalho realizado, usando a suposição de que essa tarefa é competência da cadeia de comando à qual ele se subordina.

Visão de processo no nível operador

No nível operador estão as pessoas que fazem o processo acontecer. Se "nenhuma organização pode ser melhor do que as pessoas que nela trabalham", então fica evidenciada a necessidade de capacitação e motivação das pessoas que operacionalizam o processo.

Em cada posto de trabalho precisam estar presentes a competência para executar o padrão estabelecido e a motivação para atingir as metas estabelecidas. Quando o operador adquire a visão de processo, os seguintes benefícios costumam ser alcançados:

- maior consciência do operador em relação ao valor do seu trabalho, contribuindo para obtenção de níveis mais elevados de sua auto-estima;
- conhecimento e compreensão dos requisitos de entrada e saída, contribuindo para a garantia da qualidade do produto entregue ao cliente e tornando impessoal a cobrança dentro do time de processo, contribuindo para a melhoria do clima organizacional;

- compreensão das medidas do posto de trabalho, contribuindo para o aumento da motivação dos operadores, possibilitando aferir o desempenho individual.

Na Figura 2.9, temos a visão dos postos de trabalho do subprocesso Elaboração de Edital.

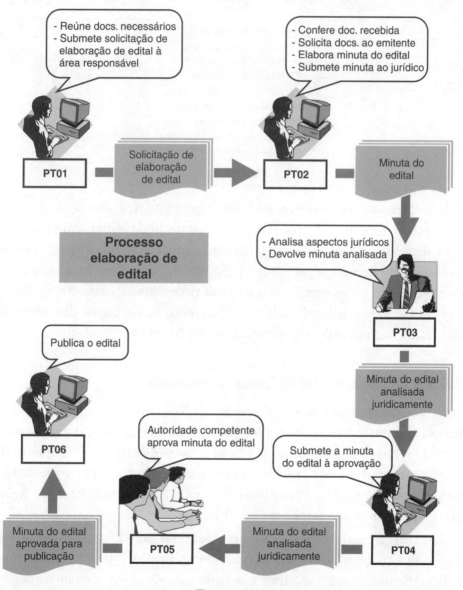

FIGURA 2.9

A Figura 2.10, representa um posto de trabalho do subprocesso Elaboração de Edital, representado sob a ótica de processo.

FIGURA 2.10

Uma ferramenta de levantamento de posto de trabalho será apresentada posteriormente. A visão de processos propicia maior integração da organização e de seus atores, reduzindo o nível de atrito interno e canalizando a energia da organização para um objetivo comum, a satisfação do cliente. Uma vez compreendida essa necessidade, compete ao gestor sensibilizar seus subordinados a se engajarem na busca da melhoria contínua da qualidade e da produtividade do serviço prestado.

2.6.3 A Orientação pela Melhoria Contínua

O Ciclo da Melhoria Contínua, criado por **Shewart** e divulgado por **Deming,** por sintetizar as quatro funções essenciais da administração, tem servido de base para a maioria das propostas de criação de modelos de gestão orientados para a melhoria contínua. A Figura 2.11, representa o ciclo de gestão composto pelo Planejamento, Execução, Controle e Ação, por isso denominado também Ciclo PDCA.

Embora de fácil entendimento, por estar associado ao encadeamento lógico das funções administrativas, as organizações têm revelado uma certa dificuldade em implantar e manter modelos de gestão baseados no ciclo PDCA. Os principais motivos dessa dificuldade são:

- a rejeição natural das pessoas a qualquer tipo de controle, apesar de o controle ser a pedra angular desse modelo de gestão; a falta de

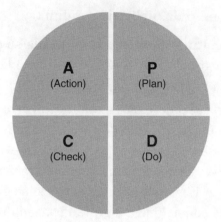

FIGURA 2.11 Ciclo da melhoria contínua

disciplina para girar, sistematicamente, o PDCA. Atribuímos essa falta de disciplina à falta de conscientização dos benefícios que podem advir dessa filosofia de gestão.

2.6.3.1 Atividades típicas de cada fase do PDCA

Algumas atividades gerenciais, características de cada etapa do ciclo PDCA, são as seguintes:

a. Durante a etapa de **PLANEJAMENTO**
   – revisão do ciclo de planejamento anterior;
   – estabelecimento dos objetivos, das metas e dos meios.
b. Durante a etapa de **EXECUÇÃO**
   – treinamento nos padrões estabelecidos;
   – execução conforme o planejado;
   – registro organizado da execução.
c. Durante a etapa de **CONTROLE**
   – verificação do grau de alcance das metas estabelecidas;
   – análise da tendência dos indicadores;
   – elaboração do plano de melhorias.
d. Durante a etapa de **AÇÃO Corretiva e Preventiva**
   – tomada das ações corretivas e/ou preventivas que se fizerem necessárias;
   – geração/atualização do Plano de Melhorias do processo.

2.6.3.2 Desdobramento da melhoria contínua

A implantação da cultura da melhoria contínua só estará consolidada, no momento em que o ciclo PDCA estiver sendo aplicado nos três níveis da organização: alta administração, média gerência e de operação.

O desdobramento dos objetivos e metas ao longo da cadeia hierárquica é que fará a convergência de esforços para a mesma direção. A eficiência da comunicação desses objetivos e metas por todos os níveis da cadeia é determinante do nível de consciência e de motivação das pessoas envolvidas nesse esforço. A Figura 2.12 demonstra como o desdobramento dos objetivos e metas dá consistência à gestão baseada no ciclo PDCA.

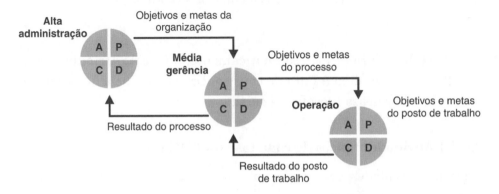

FIGURA 2.12 Desdobramento do PDCA

O desdobramento do PDCA pelos três níveis da organização possibilita ao gestor da organização:

- durante o planejamento – estabelecer a convergência de esforços a partir do desdobramento dos objetivos da organização, até o nível operacional; e
- durante o controle – estabelecer o monitoramento dos resultados obtidos ao longo de toda a cadeia de comando, a partir de agregações dos resultados obtidos dos indicadores de cada posto de trabalho que compõe a cadeia de agregação de valor do processo.

No próximo capítulo apresentamos uma estrutura de suporte ao modelo de gestão de processo orientada para a melhoria contínua do desempenho, utilizando como pano de fundo o ciclo PDCA.

CAPÍTULO 3

Estrutura do Modelo

Este capítulo apresenta duas premissas do modelo proposto e uma estrutura montada a partir das atividades-chave do modelo de gestão de processos orientado para resultados.

3.1 PREMISSAS DO MODELO PROPOSTO

O modelo de gestão proposto adota como premissas:

a. a existência de apenas dois tipos de demanda;
b. a bipolaridade da visão gerencial.

3.1.1 Tipos de Demandas

Só existem dois tipos de demandas: conhecida e nova. As demandas conhecidas, por haver um domínio prévio de suas especificações, não trazem nenhum problema para o dimensionamento de prazos e preços.

Já as novas demandas necessitam de um estudo prévio, ou projeto, para que se obtenham as especificações necessárias à sua implementação. Isso vale para a produção tanto de bens quanto de serviços. A Figura 3.1, ilustra essa assertiva.

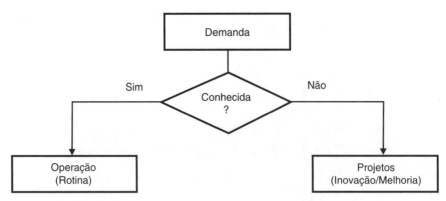

FIGURA 3.1 Tratamento das demandas.

Essa premissa reveste-se de importância especial para o gerente de processos, porque reforça a necessidade do gestor de desenvolver a visão bipolar, que consiste na manutenção do desempenho já conquistado (rotina) e no desenvolvimento das melhorias que levarão a patamares de desempenho superiores (projetos).

3.1.2 A Bipolaridade do Foco Gerencial

É comum, nos treinamentos voltados ao desenvolvimento gerencial, ouvir que Deus concedeu aos gerentes dois olhos para que eles vigiassem simultaneamente as atividades rotineiras e aquelas destinadas à melhoria do desempenho e da qualidade do processo gerenciado. Em função da existência dessas duas demandas, compete ao gestor contemporâneo:

a. Focar a rotina – significa monitorar os níveis de desempenho do processo, com vistas a garantir, no mínimo, o nível já alcançado anteriormente, garantindo a conformidade da operação aos padrões previamente estabelecidos.

b. Focar as melhorias – significa incentivar e acompanhar a busca de novas soluções capazes de resultar na elevação dos patamares de desempenho já alcançados. Essas melhorias podem ser incrementais ou radicais. As melhorias incrementais em geral são fruto do giro do PDCA, das reclamações de clientes e/ou de auditorias internas. Elas resultam em ações de aperfeiçoamento continuado dos procedimentos vigentes. No caso de melhorias radicais, aquelas que alteram profundamente os procedimentos ou até mesmo a lógica da prestação do serviço, costumam provocar a reengenharia dos processos. Isso pode ocorrer em função de mudança da tecnologia utilizada e/ou de mudanças na estratégia organizacional.

Esses dois tipos, demandas rotineiras e novas demandas, ocorrem simultaneamente. As demandas conhecidas (rotineiras) são absorvidas pela estrutura formal e pelos procedimentos já existentes, enquanto as novas demandas podem exigir a constituição de equipes para tratá-las.

A demanda rotineira pode trazer problemas quando excede a capacidade do processo. Isso ocorre, em geral, quando há uma redução do quadro de pessoal, substituições não-programadas dos operadores ou algum fator externo que resulte em aumento abrupto do volume da demanda.

A nova demanda em geral é tratada por estruturas temporárias cuja duração está limitada ao tempo de duração do projeto que tratará da inovação ou melhoria em questão.

Manter uma ação efetiva e equilibrada entre esses dois conjuntos de atividades tem se revelado um bom teste de avaliação da competência gerencial, em que poucos têm se saído satisfatoriamente.

3.2 MODELO DE GESTÃO BASEADO NO CICLO PDCA

A representação gráfica do Modelo de Gestão de Processos orientado para a Melhoria Contínua do Desempenho, representado na Figura 3.2, é um modelo de aplicação geral, não importa a natureza jurídica da organização que irá utilizá-lo. Nela estão contempladas as atividades-chave do gestor de processo, organizadas segundo as quatro fases do ciclo PDCA e evidenciando a visão bipolar.

A título de exemplo tomaremos como referência o processo de aquisição de uma instituição pública para demonstrar a aplicação do modelo proposto.

3.2.1 Etapa de Planejamento (*Plan*)

A etapa de planejamento compreende todas as atividades necessárias para identificar as demandas internas da Instituição considerada, a consolidação desse pleito e a posterior transformação em proposta orçamentária que depois de submetida às autoridades competentes, retorna em forma de orçamento anual para aquisição de bens e serviços.

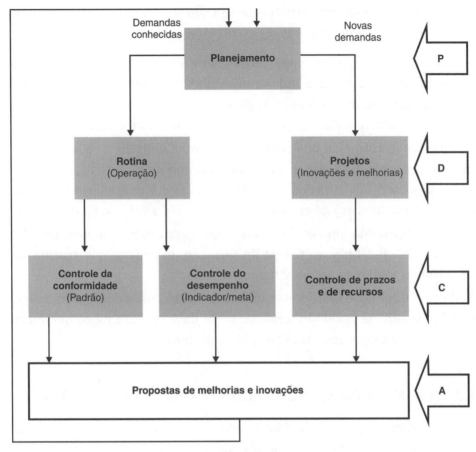

FIGURA 3.2

Podem existir projetos de aperfeiçoamento do desempenho e/ou da qualidade dos processos internos que, por não demandarem recursos externos, não são objeto de inclusão na proposta orçamentária. Contudo, projetos dessa natureza, embora não constem da proposta orçamentária, também devem ser objeto de registro e controle dentro do nível hierárquico competente para fazê-lo.

3.2.2 Etapa de Execução (*Do*)

Durante a etapa de execução, chamada de execução orçamentária, fica evidenciada a necessidade do gerente atuar segundo a visão bipolar.

- No eixo da operação estariam as despesas chamadas de custeio, recursos consumidos pela manutenção do funcionamento da máquina administrativa. A execução das rotinas se dá através da estrutura formal.

– No eixo dos projetos, em que são tratadas as Novas Demandas, acontece a contratação dos projetos planejados e que tratam das inovações e das melhorias.

Demandas surgidas após a aprovação da proposta orçamentária são submetidas à mesma instância interna que aprovou a proposta orçamentária. Se aprovada sua execução, ela é incorporada ao rol das despesas planejadas. A partir daí, recebe o mesmo tratamento das despesas planejadas.

3.2.3 Etapa de Controle (*Check*)

Toda a execução orçamentária sofre então um estreito acompanhamento, tanto da realização do físico (volume das aquisições de bens e serviços e tempo médio de aquisição por modalidade) quanto da realização financeira (taxa de realização do orçamento aprovado).

Cabem aqui algumas considerações quanto ao controle ou gerenciamento do processo de aquisições de bens e serviços:

a. Se o objetivo é medir produtividade, um sistema de medidas (indicadores e metas) precisa ser desenvolvido.

Exemplos de indicadores de produtividade:

- realizar no mínimo 80% da proposta orçamentária originalmente aprovada;
- reduzir em 10% o volume de compras não-programadas;
- reduzir em 30% o tempo médio de uma aquisição realizada por meio de pregão eletrônico.

b. Se o objetivo é medir a qualidade do processo, deverão ser priorizadas a satisfação dos clientes e a conformidade aos padrões estabelecidos.

Exemplos de indicadores da qualidade:

- nível de satisfação dos clientes;
- nível de satisfação com os fornecedores;
- volume de não-conformidades apuradas e taxa das resolvidas.

O controle dos projetos, em geral, restringe-se ao acompanhamento dos cronogramas físico e de desembolso previamente aprovados.

A periodicidade do acompanhamento dos indicadores é função da natureza da atividade realizada e dos recursos disponíveis para fazê-lo.

Uma boa prática gerencial é a realização sistemática de reuniões de controle e de aprendizagem. Essas reuniões devem ocorrer em períodos regulares de no máximo um mês. Entre os objetivos desse tipo de reunião estão:

- integração das pessoas com responsabilidade sobre os processos;
- acompanhamento estreito do desempenho organizacional;
- visão integrada da organização por parte dos participantes;
- identificação de oportunidades de ações preventivas e corretivas, em função do comportamento dos indicadores;
- oportunidade de aprender com os próprios erros;
- oportunidade de reconhecer o desempenho excepcional; entre outros.

Para a apresentação e análise crítica dos resultados, duas ferramentas são essenciais nesse tipo de reunião: o painel de controle e o uso de gráficos, que serão abordados adiante.

3.2.4 Etapa de Ação Corretiva (*Action*)

"Se não vai agir, é melhor não medir." Se as pessoas perceberem que a organização pratica o controle pelo controle, logo o modelo estará desmoralizado.

Essa etapa é o coroamento do ciclo PDCA. Ela deve resultar na identificação de oportunidades de melhorias, e essas melhorias deverão constar do plano de melhorias do processo. Identificação do problema, designação do responsável e prazo para a solução são itens obrigatórios nessa etapa. O documento que consolida essas ações costuma ser chamado de Plano de Melhorias.

3.2.5 Lições Aprendidas

A aplicação repetida desse modelo de gestão de processos tem nos ensinado que:

Estrutura do Modelo **33**

- embora o planejamento não seja capaz de prever todas as situações futuras que poderão impactar negativamente o processo em questão, o exercício da reflexão sobre os acertos e os erros provenientes das práticas vigentes é uma prática que tem se revelado útil, sobretudo no alinhamento das percepções quanto ao objetivo comum a todo o time do processo;
- a necessidade de se reconhecer a oportunidade da atuação gerencial, segundo a bipolaridade das demandas, conhecidas (rotineiras) e as novas demandas que poderão exigir projetos de novas rotinas e/ou de melhorias ou inovações são o marco divisório entre os que tocam e os que gerenciam processos;
- as medidas de controle são fundamentais para o ciclo da melhoria contínua, uma vez que é impossível melhorar aquilo que não se mede e não é submetido a comparação com algum tipo de resultado esperado;
- o volume e o alcance das ações de melhorias introduzidas costumam ser um indicativo consistente do nível de vitalidade dos processos gerenciados.

No Capítulo 4 apresentamos os fundamentos básicos do modelo proposto.

CAPÍTULO 4

Fundamentos e Ferramentas

O fracasso das metodologias para desenvolvimento dos modelos de gestão orientados à qualidade costuma estar relacionado ao fato de as pessoas se concentrarem na ampla difusão da parte conceitual e esquecerem o essencial: a obtenção do resultado.

A sustentabilidade de um projeto dessa natureza depende do grau de consciência das pessoas envolvidas, por isso não adianta querer ensinar o como sem que elas saibam o porquê. Outro aspecto a ser considerado é a importância de se mostrarem resultados a curto prazo, impondo que a teoria usada se restrinja exclusivamente ao essencial.

Passaremos a seguir à apresentação dos conceitos e das ferramentas utilizadas na gestão eficiente dos processos.

4.1 PILARES DOS MODELOS ORIENTADOS À QUALIDADE

São três os conceitos-chave que dão sustentação aos modelos de gestão de processo orientados à qualidade. Todos constam dos requisitos preconizados pela NBR ISO 9001:2000; são eles:

36 Capítulo Quatro

a. padrão – impõe uma disciplina de trabalho, em torno da melhor maneira de executar uma atividade;

b. registros – fornecem evidências objetivas da operação do processo, permitindo sua rastreabilidade; e

c. indicadores – permitem monitorar o desempenho alcançado e atuar corretivamente ou preventivamente, sempre que necessário.

4.1.1 Padrão

A padronização é parte integrante da vida do homem contemporâneo. Ela se faz presente e necessária em todos os setores da vida moderna. Numa viagem espacial ou num desfile de escola de samba, a garantia do êxito final passa pelo rígido cumprimento das regras e dos procedimentos previamente acordados.

A crítica infundada de que o padrão engessa a operação costuma estar relacionada a duas questões, uma conceitual e a outra processual. Quando a organização compreende que o padrão é a melhor forma de realizar uma atividade, no momento presente, ela está inserindo implicitamente, nesse conceito, a dinâmica derivada da obrigatoriedade de rever os padrões estabelecidos, em intervalos regulares e/ou sempre que houver uma mudança no ambiente organizacional que possa afetar sua adequação ao uso. Isso não ocorre pelos seguintes motivos:

- falta uma sistemática ágil de atualização dos padrões vigentes;
- acomodação e/ou falta de autoridade das pessoas afetadas para promover as adequações necessárias.

Por fim, a inexperiência de quem define o padrão e a distância que a pessoa que o aprova mantém em relação ao ambiente em que ele deverá ser executado podem resultar na fixação excessivamente detalhada dos procedimentos, limitando ou até dificultando a ação de seus operadores.

Eis alguns benefícios mais visíveis de uma sistemática de padronização ágil e participativa:

a. o padrão, por ser a reprodução da melhor maneira de executar uma atividade, garante ganhos de produtividade para a organização e desperta uma consciência crítica em seus executores;

b. o padrão é um instrumento de delegação, porque seu processo de elaboração culmina com a aprovação daquele que tem responsabilidade sobre os resultados do processo;

c. o padrão possibilita o treinamento no local de trabalho, otimizando a capacitação de novos funcionários, reduzindo custos e focando diretamente os objetivos e resultados de cada posto de trabalho;

d. o padrão oferece maior segurança à informatização, na medida em que define com clareza as práticas desejadas e os resultados esperados;

e. o padrão garante o domínio tecnológico da organização, gerando maior eficiência na gestão do conhecimento.

O nível de detalhamento dos padrões será sempre definido em função dos seus usuários e da natureza da atividade padronizada. Temos usado a Figura 4.1, sempre com bons resultados, no mapeamento de diversos níveis do processo. A principal vantagem que essa ferramenta tem revelado é quanto à fixação da visão horizontal, bem como de dois elementos

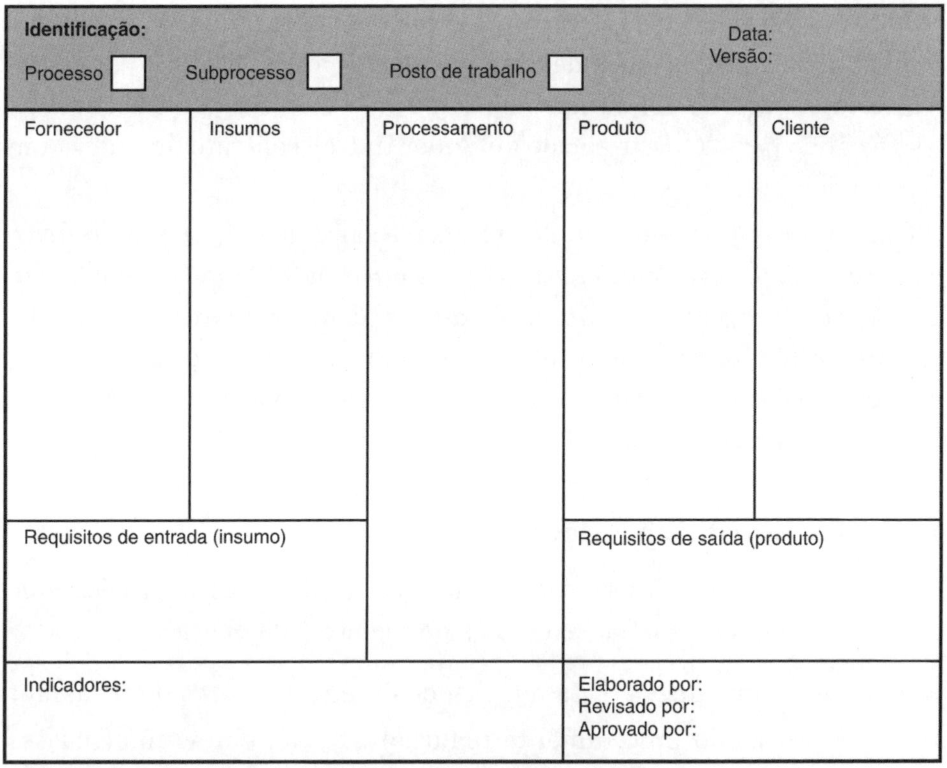

Identificação: Processo ☐ Subprocesso ☐ Posto de trabalho ☐			Data: Versão:	
Fornecedor	Insumos	Processamento	Produto	Cliente
Requisitos de entrada (insumo)			Requisitos de saída (produto)	
Indicadores:			Elaborado por: Revisado por: Aprovado por:	

FIGURA 4.1

capitais no êxito da operacionalização dos processos: os requisitos de entrada e de saída e os indicadores.

Observações:

a. Exemplos de aplicação do padrão serão apresentados dentro do contexto da aplicação do modelo.

b. O leitor encontrará mais detalhes sobre a padronização no Apêndice: Técnicas de Levantamento, Análise e Padronização de Processos.

4.1.2 Registros

As regras que regem as relações da sociedade moderna impõem que qualquer reclamação de um direito esteja consubstanciada em prova que ateste o direito reclamado. No caso dos processos, o **registro** assume essa relevância, pois é através dele que se comprova a execução de uma operação. A NBR ISO 9000 versão 2000, Sistemas de Gestão da Qualidade – Fundamentos e Vocabulário conceitua registro como o *"documento que apresenta resultados obtidos e evidências das atividades realizadas"*.

A discussão sobre o cumprimento ou não de determinadas cláusulas contratuais exigirá sempre de uma das partes a apresentação de registros comprobatórios do cumprimento ou não da cláusula em questão. Isso é válido para a discussão de qualquer tipo de contrato, inclusive um procedimento interno.

Em nota complementar, a Norma acrescenta que: "(...) o *meio físico pode ser papel, meio magnético, leitura ótica ou eletrônica, fotografia, amostra padrão ou uma combinação desses"*. Um formulário preenchido, um procedimento vigente, a tela de um aplicativo em uso, um arquivo, um contrato são exemplos de registros. Os três tipos de registros mais usuais num processo são:

4.1.2.1 Registro das operações

Documenta dados e informações relativos às diversas operações que compõem um processo. São exemplos de registros da operação:

a. o fluxograma que retrata a lógica do desenvolvimento do trabalho;

b. a descrição do procedimento (padrão) que contém as informações úteis para a execução de cada tarefa representada no fluxograma;

c. os formulários usados pelo processo ou as telas da aplicação informatizada referente ao processo em questão.

Os registros, além de servirem como instrumento de comprovação da operação, permitindo a aferição e o controle da qualidade e da produtividade de um processo, se destinam também a permitir a execução de outra característica importante dos processos controlados – sua rastreabilidade.

Segundo a NBR ISO 9000:2000, "rastreabilidade é a capacidade de recuperar o histórico, a aplicação ou a localização daquilo que está sendo considerado. A viabilização dessa característica se dá no momento em que conseguimos conferir ao registro de uma operação um código capaz de distingui-la de todas as demais". A rastreabilidade é um recurso usado em larga escala por ocasião dos estudos da melhoria de processos.

4.1.2.2 Registro de não-conformidades

Ocorrências não-previstas no padrão ou executadas de modo diferente daquele estabelecido. Com esses registros, torna-se possível aferir o grau de qualidade da operacionalização do processo. O registro de não-conformidade tem como principais fontes as auditorias, as reclamações de clientes ou dos operadores do processo.

Para que possam registrar uma não-conformidade, os operadores primeiro devem estar comprometidos com a melhoria contínua do processo e precisam ter o completo domínio dos procedimentos sob sua responsabilidade. Isso inclui ter clareza sobre:

- os requisitos de entrada, aqueles que devem ser observados pelos fornecedores do posto de trabalho;
- os procedimentos internos ao posto de trabalho; e
- os requisitos de saída, ou aqueles que afetam diretamente o trabalho do posto seguinte.

A Norma ISO 9001, em função da adoção do princípio da melhoria contínua, exige das organizações certificadas a obrigatoriedade de estabelecerem um procedimento específico para tratar as não-conformidades. Esse procedimento tem por finalidade educar as pessoas para a eliminação das causas de falhas identificadas durante a operação do processo, seja por falta de treinamento ou falha do próprio padrão esta-

40   Capítulo Quatro

belecido. Exige a Norma que toda não-conformidade seja tratada e que constem do registro desse tratamento as seguintes informações:

- a descrição da não-conformidade, de preferência contendo data e origem de sua identificação externa ou interna;
- a identificação da causa que motivou a não-conformidade;
- a identificação do responsável pela identificação da causa relatada;
- o tratamento dispensado para eliminação da causa da não-conformidade;
- a identificação do responsável pela implementação da solução proposta; e
- a data e a validação da eficácia do tratamento dispensado àquela não-conformidade, bem como a identificação do responsável pela validação.

A Figura 4.2, mostra um modelo de registro de não-conformidade.

Registro de não-conformidade		
Área:		Data:
Descrição da não-conformidade:	Ação corretiva:	
Identificada por:		
Causa identificada:		
Responsável: Data:	Responsável: Data:	
Avaliação da eficácia da ação corretiva:		
Responsável:		Data:

FIGURA 4.2

Dessa maneira, fica assegurado o objetivo dos registros das não-conformidades, que é o aperfeiçoamento contínuo do processo, sempre que identificada uma falha na execução ou no planejamento da prestação do serviço.

4.1.2.3 Registros das reclamações dos clientes

Em qualquer organização, seja ela certificada ou não, esse tipo de registro assume capital importância pelo impacto que pode vir a ter sobre o resultado do negócio. As reclamações de clientes se constituem na mais valiosa oportunidade de melhoria do processo, pelo fato de retratar uma visão externa. Em geral, quando ignoradas ou tratadas de forma burocrática costumam imputar fortes arranhões à imagem institucional.

Quando tratadas de forma eficiente, com humildade para se reconhecer a falha e presteza para repará-la, as não-conformidades constituem-se em aliadas imprescindíveis no aperfeiçoamento contínuo dos processos. Além disso, desenvolvem o senso crítico dos colaboradores e estimulam o comprometimento com a qualidade do serviço prestado, melhorando a satisfação do cliente e a imagem da organização.

4.1.3 Indicadores

Segundo os Critérios de Excelência do PNQ (2002:p. 55), *"indicadores são dados ou informações numéricas que quantificam as entradas (recursos e insumos), saídas (produtos) e o desempenho de processos e produtos da organização como um todo".*

4.1.3.1 Os indicadores mostrados na Figura 4.3, são utilizados para acompanhar e melhorar resultados ao longo do tempo e podem ser associados aos três níveis hierárquicos da pirâmide organizacional, conforme descrito a seguir:

- **Indicadores Globais**

  Refletem medidas macro dos processos. Situam-se no topo da estrutura dos indicadores. São próprios da autoridade responsável pelo processo como um todo. Em algumas organizações, as pessoas que assumem essa responsabilidade são denominadas "proprietárias do processo".

- **Indicadores Setoriais**

  Refletem medidas referentes às funções que compõem os macroprocessos. São próprios da média administração.

- **Indicadores Operacionais**

  Refletem medidas referentes às atividades ou tarefas que compõem os processos. São próprios dos operadores dos postos de trabalho que compõem o processo.

42   Capítulo Quatro

Os Indicadores podem ainda ser classificados em:

a. indicadores diretos – quando obtidos a partir de uma única medida;

b. indicadores indiretos – quando obtidos a partir da associação de mais de uma medida.

A Figura 4.3 retrata as duas classificações.

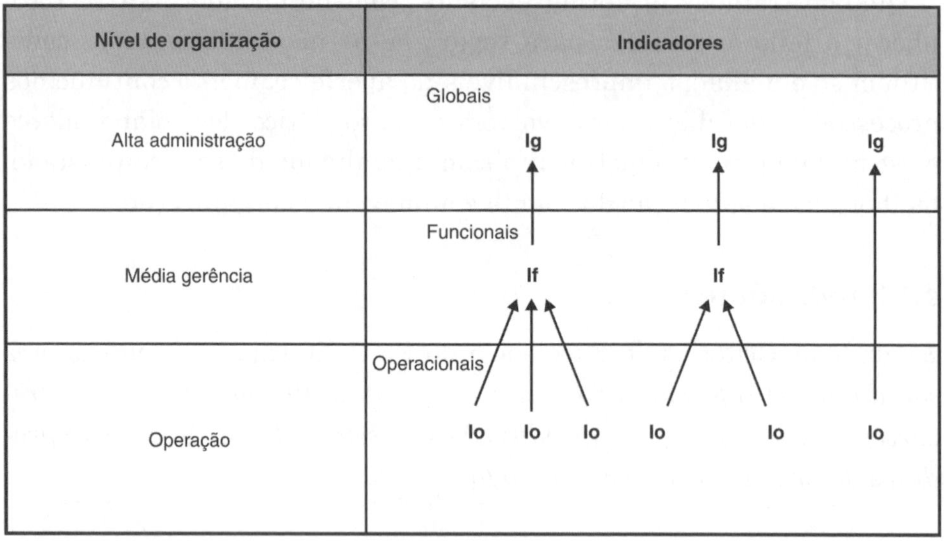

Nível de organização	Indicadores		
Alta administração	Globais Ig ↑	Ig ↑	Ig ↑
Média gerência	Funcionais If	If	
Operação	Operacionais Io Io Io	Io	Io Io

FIGURA 4.3

4.1.3.2 Sistemas de medidas de um processo

Pressupõem a existência de indicadores e metas. Os indicadores, já conceituados anteriormente, são variáveis representativas de um processo que permitem quantificá-lo; isto é, medem níveis de qualidade e produtividade, permitindo assim o monitoramento do desempenho e o acionamento das ações corretivas e/ou preventivas julgadas necessárias. A meta é um marco a ser atingido. Discernir sobre aquilo que é realmente importante medir é tarefa determinante do sucesso de um sistema de medidas.

Um sistema de medidas existe para dar suporte ao processo decisório, daí a importância da seleção dos indicadores. Duas situações são igualmente indesejáveis para quem tem a responsabilidade de decidir: a falta de informações pertinentes, precisas e oportunas ou a abundância de informações irrelevantes. No primeiro caso acaba prevalecendo o *feeling* de quem precisa decidir ou, simplesmente, a decisão sem critério. No segundo caso, a perda de tempo com a seleção das informações úteis e oportunas pode comprometer o prazo da tomada de decisão.

Existem duas premissas que devem ser observadas na elaboração de qualquer sistema de medidas:

a. só medir o essencial, para dar agilidade ao processo de medição e consistência e credibilidade ao sistema de medidas;

b. só medir se for agir, porque o controle pelo controle desestimula as pessoas que logo se percebem executando um trabalho inútil. Além da perda de tempo, nesses casos, o solicitante dessas medidas acaba perdendo a credibilidade junto aos seus liderados.

4.1.3.3 Fatores essenciais na avaliação de um serviço qualquer

Steven M. Hornec, no livro *Sinais vitais* (1994), diz que as medidas devem estar focadas em três fatores:

1. **Qualidade** – quantifica a excelência do produto;
2. **Tempo** – quantifica a excelência do processo; e
3. **Custo** – quantifica o lado econômico da excelência.

O autor usa a representação da Figura 4.4 para dar sua visão de como a combinação desses valores é utilizada pela sociedade ao avaliar o serviço e o valor que lhe é atribuído.

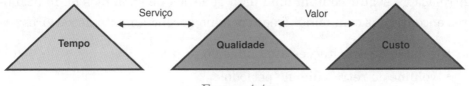

Figura 4.4

Avaliamos um serviço a partir da associação da qualidade percebida e do tempo de atendimento. Da mesma forma, avaliamos o valor a partir de nossa percepção quanto à relação qualidade e preço do serviço oferecido.

4.1.3.4 Cuidados durante a criação de indicadores

A criação de um indicador exige alguns cuidados, tais como:

44 Capítulo Quatro

- identificar as saídas ou produtos esperados;
- definir quais medidas são relevantes;
- definir a dimensão a ser considerada (produtividade e/ou qualidade);
- traduzir em palavras aquilo que será objeto de medição; ou seja, descrever o significado do indicador;
- validar o indicador quanto à relação custo / benefício;
- identificar a meta a ser associada ao indicador, ou seja, o resultado esperado em relação à medida considerada;
- definir como os dados serão obtidos;
- identificar quem vai medir e com que freqüência deverá fazê-lo.

A Figura 4.5 exemplifica um indicador de desenvolvimento de projetos.

Produto	Dimensão crítica	Indicador	Meta
Projetos concluídos	Qualidade	- Nº de erros identificados durante a aceitação	Zero erro
	Custo	- Taxa de variação do valor orçado	Até 5% do valor orçado
	Tempo	- Variação entre data prevista e data de entrega	Até 15 dias

FIGURA 4.5

4.1.3.5 Exemplos de indicadores

A relação a seguir contém uma lista genérica de exemplos de indicadores encontrados com maior freqüência no gerenciamento de serviços:

- volume de solicitações atendidas no prazo;
- volume de retrabalho no período;
- taxa de realização do orçamento;
- número de não-conformidades abertas no período;
- número de melhorias introduzidas no processo;
- tempo de ciclo do processo;
- nível de satisfação dos clientes;
- nível de satisfação dos funcionários.

4.2 FERRAMENTAS DE CONTROLE

Talvez a maior oportunidade de melhoria no curto prazo, esteja na implantação de mecanismos de controle eficientes, capazes de oferecer aos dirigentes do topo da organização as informações mínimas de que eles necessitam para saber se estão ou não voando segundo a rota planejada. Dentre as diversas ferramentas de controle disponíveis iremos nos ater àquelas cujos benefícios de utilização já verificamos na prática:

– Painel de controle
– Auditorias internas
– Auto-avaliação

4.2.1 Painel de Controle

"Quem não mede não controla, quem não controla não gerencia."

FIGURA 4.6

Em outras palavras, se você não possui um sistema de controle eficiente, no qual estão presentes indicadores e metas de desempenho, então estará fadado a aceitar qualquer resultado apresentado, sem poder exercer seu próprio julgamento. A ferramenta gerencial que oferece à organização os resultados das medidas necessárias à sua gestão é o que chamaremos de painel de controle.

46   Capítulo Quatro

O painel de controle oferece diversas possibilidades de análise dos resultados. Ele permite tanto a visão pontual do indicador quanto o seu comportamento dentro de um período considerado.

A qualidade do painel de controle deriva da qualidade dos indicadores selecionados, da prontidão e oportunidade das respostas dadas pelo painel condicionadas ao comprometimento das pessoas que irão alimentá-lo. A qualidade do painel depende, também das facilidades de TI disponíveis e do grau de organização dos processos geradores das informações que alimentam os indicadores e da forma como será estruturada a árvore desses indicadores.

4.2.1.1 Benefícios da implantação do painel de controle

São muitos os benefícios obtidos da implantação dessa ferramenta gerencial. Dentre eles destacamos os seguintes:

- oferece uma visão imediata do desempenho global e setorial da organização, bem como tendências desse desempenho;
- permite identificar pontos fortes e fracos da organização;
- oferece a oportunidade de a organização tornar-se mais proativa;
- empresta maior qualidade ao processo decisório em todos os níveis em que estiver implantado;
- põe foco naquilo que realmente é importante para a alta administração;
- torna as reuniões gerenciais mais objetivas;
- comunica a toda a organização o que é prioritário para a direção;
- unifica os números da organização, evitando o conflito gerado a partir de medidas realizadas com metodologias diferentes;
- identifica com clareza a responsabilidade sobre as informações-chave da organização, acabando com as "zonas cinza";
- democratiza o uso da informação, tornando o corpo gerencial mais bem informado sobre a intensidade com que os objetivos global e setoriais estão sendo atingidos.

4.2.1.2 Dez passos para criação do painel de controle

Um roteiro que tem trazido bons resultados na construção de painéis de controle, tanto na iniciativa privada como em empresas públicas, é o seguinte:

Passo 1. Identificar a cadeia de agregação de valor da organização – exercício feito a partir da determinação da seqüência lógica das grandes funções envolvidas no processo de negócio da organização (Figura 4.7).

FIGURA 4.7

Passo 2. Definir os **indicadores globais (Ig)** do painel. Nesse exemplo poderíamos eleger Ig a taxa de produtividade do DIE, ou seja: taxa de realização (física e financeira) do planejado para o exercício.

Passo 3. Desdobrar os **indicadores globais (Ig)**.

A partir dos **Indicadores Globais (Ig)**, estabelecer os **indicadores funcionais, If**. Por exemplo, na função Contratação, poderemos ter os seguintes indicadores:

– Extensão das Intervenções Contratadas (km) – EIC
– Valor das Intervenções Contatadas (R$) – VIC

O indicador EIC pode ser desdobrado ainda pelos **Tipos de Intervenção**, como mostra a Figura 4.8.

Tipo de intervenção	Extensão (km)	Valor (R$)
Expansão		
Recuperação		
Manutenção		

FIGURA 4.8

Passo 4. Definição do responsável pela manutenção do painel de controle e dos responsáveis pelos indicadores escolhidos (fornecedores do painel).

Temos a necessidade de definir responsabilidades para:

a. garantir a atualização do painel de controle, no nível da organização;

48 Capítulo Quatro

b. garantir a atualização do painel de controle, no nível de cada função nele representada.

Passo 5. Validação da árvore de indicadores. Definida a cadeia de desdobramento dos indicadores que constarão na versão zero do painel, é realizada uma reunião com todos os responsáveis pelas funções ali representadas. Nessa hora poderão ocorrer ajustes.

Organizações que começam a trabalhar com indicadores poderão ter uma certa dificuldade inicial. O preciosismo de querer obter os melhores indicadores já na primeira vez é o caminho para a inação. Periodicamente, os indicadores serão examinados e questionados quanto à sua propriedade. Isso é parte do próprio exercício do uso do painel de controle.

Passo 6. Análise dos recursos disponíveis para a operacionalização do painel de controle.

Nessa etapa, é fundamental a participação do representante de TI para esclarecer questões do tipo: nível de integração dos sistemas instalados, existência ou não de recursos de TI para apoiar o projeto do painel de controle.

Passo 7. Definição do meio utilizado para coletar, processar e apresentar os dados no painel de controle. São duas as possibilidades:

a. desenvolvimento de uma aplicação em computador usando os recursos de TI já identificados na análise do item anterior. A solução poderá ser construída com recursos internos ou contratados;

b. tratamento manual das informações, desde a coleta dos dados até a sua consolidação final, para posterior apresentação aos interessados. Nesse caso, as informações, em papel, seriam agrupadas segundo o organograma da organização considerada, conforme Figura 4.9.

No caso do tratamento manual das informações e visando à otimização do seu processamento, haverá a necessidade de padronização do formato de apresentação das informações coletadas. Isso é conseguido com o uso de formulários especificamente projetados para essa finalidade. A lei de formação dos indicadores globais deve respeitar a hierarquia da Figura 4.9

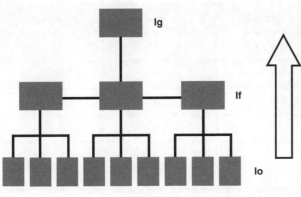

FIGURA 4.9

Sempre haverá a necessidade de se estabelecer uma data limite para que as áreas disponibilizem suas informações para atualização do painel, quando tal operação não puder ser realizada automaticamente.

Passo 8. Montar o protótipo para testar o funcionamento do painel de controle.

Lembrar sempre de ter na estrutura da cadeia de agregação de valor a referência. Embora haja a recomendação na área federal do uso de software aberto, é freqüente se encontrar um certo número de licenças para uso do Office. Excel e PowerPoint são dois softwares que já utilizamos com êxito na montagem desses protótipos.

A Figura 4.10 mostra o exemplo de uma visão simplificada do painel de controle do DIE.

	Planejado	Contratado	Executado	Realizado
Físico (km)	1200	280	40	3%

FIGURA 4.10

A partir dessa tela, é possível detalhar cada uma das informações constantes do painel. Por exemplo, clicando sobre qualquer dos campos Planejado, Contratado ou Executado, é possível ver o detalhamento desses valores, conforme Figura 4.11.

No nível mais inferior, seria possível chegar ao registro correspondente a cada item que compõe o Planejamento do DIE, como mostrado na Figura 4.12.

	Planejado	Contratado	Executado
Expansão	200	140	10
Recuperação	150	40	10
Manutenção	850	100	20
Total	1200	280	40

FIGURA 4.11

DIE
Descrição do serviço: Responsável pela intervenção:

Contrato nº: Data: Valor:
Empresa contratada:
Previsão de início: Previsão de término:
Status atual:

Não iniciado   Em andamento   Paralisado   Cancelado
○   ○   ○   ○

FIGURA 4.12

Passo 9. Escolher o tipo de gráfico mais adequado à mensagem que se deseja passar.

Passo 10. Aperfeiçoar continuamente o protótipo até transformá-lo numa estrutura permanente, alimentada por todas as funções que compõem a cadeia de agregação de valor da organização.

4.2.1.3 Sobre o estabelecimento de metas

Organizações não acostumadas a exercer o controle continuado sobre seus resultados costumam ter dificuldade para estabelecer metas de desempenho, até pela falta de histórico. Sabemos que sem as metas continuaremos sem o referencial para julgar os resultados obtidos e estaremos desperdiçando a oportunidade de utilizar esse poderoso mecanismo de motivação das pessoas.

Lembramos, contudo, que durante o primeiro giro do PDCA é aceitável que se tenham apenas os indicadores, se o único método de definição das metas for um número mágico desprovido de qualquer fundamento. A experiência tem mostrado que imediatamente após o início do uso do painel de controle acordos gerenciais começam a ser firmados para o estabelecimento das metas de desempenho, porque ele propicia o início da visualização do desempenho nos diversos níveis da estrutura.

4.2.2 Auditorias de Processo

A auditoria é um exame sistemático, documentado e independente para determinar se as atividades e resultados relacionados à qualidade satisfazem as disposições planejadas, se essas disposições estão eficazmente implementadas e se permanecem adequadas para atender os objetivos da organização.

Para tanto, a auditoria levanta fatos, avalia a conformidade com o padrão estabelecido e monitora a efetividade da qualidade perseguida. Vale lembrar que o foco da auditoria está na verificação da conformidade da operação com os padrões estabelecidos por ocasião do planejamento do serviço.

A identificação de oportunidades de melhoria do serviço deve ser sempre o foco central da auditoria, e nunca a punição dos auditados. No caso da auditoria de processos, o auditor precisa ser encarado como elemento neutro que se vale do seu distanciamento em relação a serviço prestado para colaborar no seu aperfeiçoamento por meio da identificação de oportunidades de melhorias.

A Figura 4.13 mostra o fluxograma das diversas atividades que compõem o processo de auditoria. O aprofundamento desse assunto pode ser feito através da NBR ISO 19011 – Diretrizes para Auditorias de Sistema de Gestão da Qualidade e/ou Ambiental, editada pela Associação Brasileira de Normas Técnicas – ABNT.

4.2.2.1 Aspectos gerais das etapas

Etapa 1. A programação é o momento de definir escopo, data, hora e local da auditoria.

Etapa 2. Na preparação é elaborado o plano de auditoria, contendo informações do tipo: duração prevista, horário de início e fim, local das reuniões de abertura e encerramento e *check list* usado pelo auditor para direcionar a busca de evidências objetivas.

Etapa 3. A execução é a fase da operacionalização da auditoria. Compreende uma reunião de abertura, quando são informados aos presentes os

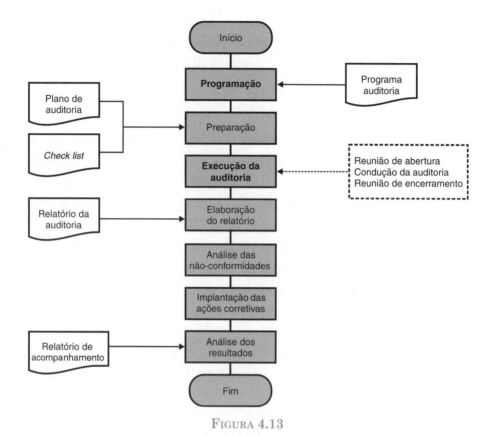

FIGURA 4.13

objetivos da auditoria e a programação prevista. Em seguida, o auditor passa à condução da auditoria, dando início à busca de evidências sobre o cumprimento dos padrões estabelecidos. Nesse momento, compete ao auditado responder aos seguintes questionamentos do auditor:

- Diga o que faz (baseado no padrão estabelecido para cada posto de trabalho).
- Faça o que diz fazer (executar sua tarefa conforme o padrão estabelecido).
- Comprove que faz o que diz fazer (exibir os registros da operação).

Etapa 4. A elaboração do relatório ocorre quando o auditor relata suas observações sobre o processo auditado.

Etapa 5. Reunião de fechamento, em que o auditor lê para os presentes o conteúdo do seu relatório e esclarece sobre as não-conformidades encontradas.

Etapa 6. Análise das não-conformidades pelo time do processo.

Etapa 7. Implantação das ações corretivas pelo time de processo.

Etapa 8. Avaliação pelo auditor, da eficácia das ações corretivas tomadas.

4.2.2.2 *Check list* para auditoria de processo (Figura 4.14)

Tomamos a estrutura do ciclo PDCA como referência para identificação dos itens que deveriam constar do *check list* da auditoria do processo.

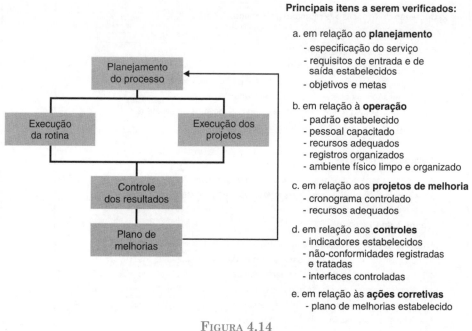

FIGURA 4.14

Na Figura 4.15, um exemplo de *check-list* para auditoria de processos.

Embora de reconhecida utilidade para estimular o envolvimento das pessoas com o trabalho, essa ferramenta gerencial tem sido pouco utilizada no ambiente das empresas públicas. Talvez isso ocorra em função de a auditoria ter um caráter bastante formal nesse ambiente.

4.2.3 Auto-avaliação

A auto-avaliação é uma ferramenta gerencial que tem por objetivo diagnosticar a efetividade dos métodos de gestão utilizados por uma unidade

54 Capítulo Quatro

Processo:	Data:	
1. Planejamento do Processo		S/N
1.1 Quais os produtos gerados pelo processo?		
1.2 Quem consome os produtos (clientes)?		
1.3 Os requisitos da organização em relação aos produtos estão estabelecidos?		
1.4 Os requisitos dos clientes em relação aos produtos estão estabelecidos?		
1.5 Os objetivos e metas do processo foram estabelecidos?		
1.6 Os requisitos de entrada estão definidos?		
1.7 Os procedimentos em relação a insumos não-conformes estão definidos?		
2. Operação do Processo (Prestação do Serviço)		
2.1 Todos conhecem o padrão?		
2.2 Os recursos são adequados?		
2.3 O ambiente é organizado e limpo?		
2.4 Os postos de trabalho estão organizados e funcionam como processos?		
2.5 Os registros da operação estão organizados?		
2.6 Existem regras para retenção e descarte dos registros arquivados?		
2.7 O processo é rastreável em todas as suas etapas?		
3. Projetos de Melhorias		
3.1 Existe um método para análise e solução de problemas?		
3.2 Existem registros das melhorias introduzidas no processo?		
4. Controle do Processo		
4.1 As reuniões para controle e aprendizado ocorrem sistematicamente?		
4.2 Os indicadores de produtividade e de qualidade estão implantados?		
4.3 As não-conformidades com o padrão são usadas para melhoria do processo?		
4.4 As reclamações de cliente são registradas e usadas para melhorar o processo?		
4.5 As tendências de desempenho decrescentes originam ações preventivas?		
4.6 O nível de satisfação dos clientes é monitorado?		
4.7 O nível de satisfação dos operadores do processo é monitorado?		
4.8 Existe um indicador de inovação e melhoria?		
5. Ações Corretivas e Preventivas		
5.1 Existe um plano de melhorias do processo?		
5.2 O plano de melhorias é atualizado regularmente?		
5.3 O gerente do processo acompanha a evolução do plano de melhorias?		

FIGURA 4.15

organizacional qualquer e fornecer subsídios para a implementação das melhorias que se fizerem necessárias.

Hoje são várias as opções desses modelos; os mais difundidos são os Critérios do Prêmio Nacional da Qualidade, o Programa Gaúcho de Qualidade e Produtividade e o Prêmio Banas de Gestão. No setor público, merece destaque o modelo de auto-avaliação elaborado pela Secretaria de Gestão do Ministério do Planejamento, Orçamento e Gestão. O que há de comum em todas essas iniciativas é o fato de que em todas elas é possível encontrar subsídios e orientações preciosos sobre o aperfeiçoamento contínuo da gestão de processos.

No próximo capítulo, teceremos alguns comentários úteis à implantação do modelo proposto e apresentaremos duas aplicações, uma no setor público e outra no setor privado, ambas fazendo uso dos conceitos e práticas aqui expostos.

CAPÍTULO 5

Roteiro para Implantação

5.1 DEFINIÇÃO DO PROCESSO A SER GERENCIADO

Insatisfação com os resultados obtidos, reclamações de clientes, mudança de estratégia da organização, insatisfação dos colaboradores, mudança da tecnologia utilizada, mudança da demanda dos clientes, necessidade de melhorar a imagem ou sua posição em face da concorrência são algumas causas determinantes do estudo e da implantação de um modelo de gestão de processo focado em resultados.

5.2 DEFINIÇÃO DA ESTRATÉGIA DE ABORDAGEM DO PROBLEMA

Nem sempre as lideranças têm clareza de qual deva ser o processo prioritário na aplicação da metodologia. Isso ocorre com freqüência em ambientes altamente desestruturados e em que o sistema de medidas ou é precário ou tem foco apenas em questões financeiras. Em organizações complexas, o uso de um projeto piloto é justificado porque:

- oferece a oportunidade de apresentar resultados no curto prazo. Além do efeito demonstração que ele pode provocar, é sabido que resultados convencem mais do que mil palavras, facilitando a obtenção de respaldo político para o prosseguimento do projeto;

- permite o aprofundamento do conhecimento sobre os principais problemas organizacionais;

- experimentos de curto alcance oferecem a oportunidade de, se necessário, promover ajustes na metodologia sem causar maiores impactos à organização.

Para esclarecer o que queremos dizer com ambientes pouco estruturados, em que a liderança não consegue definir qual o processo prioritário para aplicação do modelo proposto, transcrevemos alguns itens do relatório preliminar traçando o perfil do ambiente organizacional, no qual se pretendia aperfeiçoar o sistema de apoio à decisão do diretor presidente de uma instituição pública a que denominaremos DIE – Departamento de Infra-estrutura. Em certo trecho, o relatório lista os seguintes problemas:

a. Quanto à gestão de processos

- Não existe um gerente (proprietário do processo). A responsabilidade sobre a produtividade e a qualidade do processo licitatório está fatiada pelos chefes dos diversos órgãos afetados por esse processo.

- Os controles internos são raros, e, quando existem, não são confiáveis.

- Não foram estabelecidos indicadores, nem metas de desempenho. Logo, qualquer resultado é recebido com naturalidade. Ninguém sabe o que é um bom ou um mau resultado.

- Nenhum dos entrevistados conseguiu lembrar de qualquer ação de melhoria implantada nos últimos 12 meses.

- Os operadores mais novos aprenderam sua rotina pela observação do trabalho dos mais antigos. Eles desconhecem o estabelecimento formal de padrões e jamais se reuniram para criticar os procedimentos vigentes.

- O moral é baixo, e todos parecem sufocados pelo volume de trabalho em atraso. O último processo é sempre considerado mais urgente do que o que o anterior. O "POST-IT" com a palavra Urgente parece fazer parte de todos os processos em andamento.

- A rastreabilidade é precária, apesar e por causa da existência de pelo menos três sistemas de protocolo diferentes no mesmo setor. Não há critério de relacionamento entre os dados de busca usados para localização de um processo (número do processo e número do edital).
- Os recursos tecnológicos disponíveis são precários. Faltam máquinas e os softwares não sofrem manutenções regulares, perpetuando erros e aplicações já em desuso. As áreas e as pessoas desenvolvem suas próprias aplicações sem nenhuma coordenação da área de TI. O resultado é a fragmentação e a falta de confiabilidade da informação, além do atraso no tempo da tomada de decisão. O diretor presidente torna-se refém de um sistema informacional baseado no conhecimento de alguns servidores mais antigos e dedicados.
- O leiaute não auxilia em nada o fluxo de informações, nem a privacidade dos funcionários. O mobiliário é velho, sem padronização e mal conservado, dando um aspecto muito ruim às instalações.

b. Quanto à gestão de pessoas

- Não se percebe um esforço institucional, sistemático, visando à capacitação dos funcionários envolvidos com o processo licitatório.
- Nenhum perfil está estabelecido para as pessoas que ocupam os diversos postos de trabalho daquele processo.
- Faltam práticas gerenciais direcionadas para o aperfeiçoamento contínuo do processo, bem como para o reconhecimento do desempenho excepcional dos funcionários.
- Não há uma avaliação de desempenho criteriosa.
- A baixa estima é uma característica marcante dentro do time de trabalho.

5.3 CAPACITAÇÃO DOS ENVOLVIDOS

A consciência sobre a importância da aplicação da metodologia só virá a partir da capacitação das pessoas nos fundamentos da gestão orientada para a melhoria contínua dos processos.

Sessões de treinamento sobre os fundamentos da gestão orientada para a melhoria contínua do desempenho devem ser previstas para essa etapa. A Figura 5.1 possibilita uma visão geral dos fundamentos e das ferramentas que deverão ser implantadas ao longo do projeto. É essencial saber o porquê para executar, conscientemente, o como.

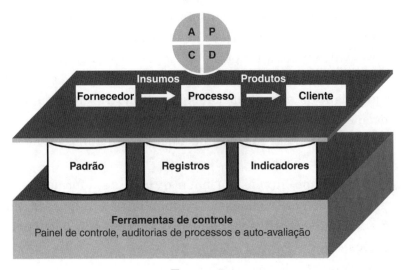

Figura 5.1

Sobre os conceitos e ferramentas que deverão compor o elenco de conhecimentos a serem transmitidos às pessoas que participarão do projeto piloto, cabem os seguintes comentários:

a. Quanto aos fundamentos do modelo de gestão
- o ciclo PDCA ou da melhoria contínua constitui-se na essência da gestão orientada para o aperfeiçoamento continuado do desempenho;
- o conceito de processo e de seus elementos que permitirão compreender o que vem a ser atuar segundo a visão horizontal.

b. Quanto aos alicerces do modelo proposto
- o uso de padrão garante a uniformidade da operação, tornando mais previsíveis os resultados dos processos;
- registros permitem a rastreabilidade e a comprovação do que foi feito;
- indicadores permitem aferir os resultados dos processos.

c. Quanto às ferramentas de controle

- o painel de controle é a ferramenta gerencial que permite o monitoramento continuado e oportuno do desempenho operacional;
- auditoria interna é o recurso pelo qual a alta administração garante a conformidade da execução com o padrão estabelecido e identifica possíveis desvios na condução dos processos;
- a auto-avaliação é a ferramenta de controle que permite o envolvimento do público interno no monitoramento dos níveis de desempenho atingidos.

As pessoas só devem ser iniciadas nas ferramentas de controle propostas no momento em que sua unidade estiver apta a utilizá-las.

A sedimentação desses conceitos, o exercício de sua aplicação prática e a conseqüente constatação dos benefícios auferidos pela organização e pelas pessoas diretamente envolvidas no projeto piloto serão fundamentais para o êxito do projeto.

5.4 MAPEAMENTO DAS FUNÇÕES DO PROCESSO

5.4.1 Metodologia Convencional

O apêndice no final do livro apresenta a metodologia desenvolvida pela ACOS Gestão Empresarial para o levantamento, a análise e a padronização de processos.

5.4.2 Metodologia de Mapeamento

Baseada nos elementos-chave do processo:

5.4.2.1 Abordagem de cima para baixo

Partindo da visão macro do processo. Nela são representadas apenas as grandes funções que formam a cadeia de valor, podendo constar os respectivos responsáveis por sua execução.

A visão macro é importante para organizar o esforço de planejamento da melhoria do processo, que culmina com a obtenção do novo padrão, revisado de maneira crítica e controlado com base nos resultados medidos (ver Figura 5.2).

FIGURA 5.2 Processo de aquisição de bens e serviços

Essa estrutura será usada, também, para estabelecer as diversas medidas globais e setoriais do processo. Elas é que irão orientar a organização do painel de controle.

Uma maneira de avaliar o nível de gerenciamento exercido sobre o processo em estudo é verificar, já nesse momento, quais indicadores e metas estabelecidos, tanto para o processo quanto para cada função nele representada.

5.4.2.2 Mapeamento dos processos dos postos de trabalho

A Figura 5.3 foi construída a partir dos elementos-chave do processo. Ela tem se mostrado de grande valor para envolver e estimular o responsável pelo processo, subprocesso e/ou posto de trabalho a analisar criticamente o processo do posto sob sua responsabilidade.

Processo ☐		Subprocesso ☐		Posto de trabalho ☐
Identificação:			**Responsável:**	
Fornecedores	Entradas	Atividades/Tarefas	Saídas	Clientes
Requisitos de entrada:		Indicadores:	Requisitos de saída:	

FIGURA 5.3

5.4.3 Validação do Processo Atual

O exercício de preenchimento do formulário descrevendo cada posto de trabalho permite que, posteriormente, sejam validados os seguintes aspectos:

- requisitos de entrada, que, no caso de serviços, assumem a forma de *checklist* de documentos, autorizações prévias, data-limite para o recebimento de informação ou documento etc.
- a correta seqüência das atividades do fluxo de informações. Nesse momento, é comum a identificação, pelos próprios executores do processo, de diversas oportunidades de melhorias O tempo disponível, o tempo estimado para desenvolver e implementar as melhorias e soluções, bem como o alcance dessas melhorias devem levar a uma das duas decisões, a seguir:

  a. desenvolver, aprovar e implementar de imediato a oportunidade de melhoria identificada; ou
  b. incluir a proposta de melhoria no plano de melhorias, fixando uma data-limite para sua implementação.

São exemplos de oportunidades de melhoria que podem constar do Plano de Melhoria:

- erros e retrabalhos freqüentes;
- falta de mecanismos de controle na entrada e na saída dos postos de trabalho;
- falta de uma sistemática de medidas do posto (indicadora de qualidade e/ou de produtividade e metas);
- limitação das responsabilidades do posto de trabalho;
- desbalanceamento do volume de trabalho dos postos analisados.

5.4.4 Análise Crítica dos Indicadores

O mapeamento dos processos e dos seus postos permite uma primeira análise crítica dos indicadores estabelecidos. As medidas podem ser parte da solução quando sinalizam para resultados indesejáveis, mas nunca deverá ser desconsiderada a variável política, ao sugerir mudanças processuais ou estruturais. Nesta hora, vale a sabedoria oriental, que pede a Deus "força para mudar o que pode ser mudado, tolerância para aceitar o que não pode ser mudado e sabedoria para distinguir uma situação da outra".

A generalização do uso de medidas de volume e tempo, largamente usadas nas atividades rotineiras, em geral, acarreta problemas quando usadas para medir a produtividade de trabalhadores intelectuais, como os advogados. Isso se explica pelo fato de cada parecer exigir um nível diferente de conhecimento, podendo demandar um tempo considerável até que ele consiga firmar juízo sobre o material analisado.

Uma boa discussão sobre quais medidas fariam sentido nas atividades de trabalhadores do conhecimento tem se revelado o melhor caminho para se encontrar uma solução que atenda tanto à organização quanto ao colaborador.

5.4.5 Estabelecimento do Padrão

Concluídas essas etapas e redesenhado o processo, o gestor está em condições de optar pelo padrão, ou seja, pela melhor maneira de realizar o processo naquele momento e com aqueles recursos disponíveis. Um exemplo de um padrão para o processo de proposta orçamentária consta do próximo capítulo. Nele o leitor poderá observar tanto o texto de um procedimento quanto um padrão gerencial estabelecido com o auxílio da Figura 5.3.

5.5 MONTAGEM DO PAINEL DE CONTROLE

Passaremos a exemplificar os 10 passos para o desenvolvimento do painel de controle do processo de elaboração de editais no DIE.

Passo 1. Definir a cadeia de agregação de valor do Departamento de Contratação (ver Figura 5.4).

Passo 2. Definir as medidas-chave do subprocesso Contratação:

- quanto à produtividade: extensão em km e valores em reais, licitados no período
- quanto à qualidade: taxa de rejeição das solicitações de elaboração de editais recebidas e número de impugnações procedentes

Passo 3. Definir a árvore de indicadores do processo piloto. Foram definidos os seguintes indicadores para o processo elaboração de editais:

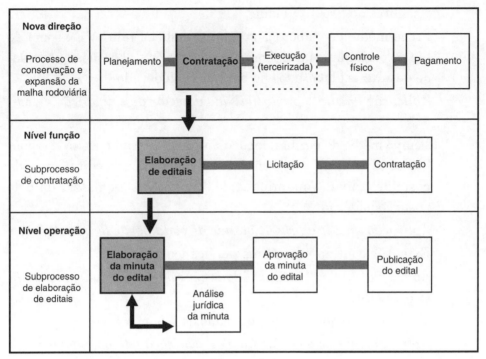

FIGURA 5.4

- Indicadores de Qualidade
  - Nível de Qualidade das Solicitações de Editais = (Nº de Solicitações de Editais Incorretas/Total de Solicitações Recebidas) × 100
    Aplicação: avaliar o nível de competência instalada no Departamento para solicitar a elaboração de editais.
  - Quantidade de Não-conformidades por Solicitante: Acumulada no Período
    Aplicação: identificar as unidades com maior dificuldade para solicitação da elaboração de editais.
  - Não-conformidades mais Freqüentes por Tipo: Acumuladas no período
    Aplicação: direcionamento do treinamento sobre elaboração de editais.
  - Impugnações mais Freqüentes por Tipo: Acumulado do Nº de Editais Impugnados
    Aplicação: melhoria da qualidade do processo de elaboração de editais.

66   Capítulo Cinco

- Indicadores de Produtividade
  - Prazo médio de elaboração da minuta de edital (PME): soma do tempo consumido na elaboração dos editais elaborados/quantidade de editais elaborados no período considerado

    Aplicação: medir a produtividade do setor de elaboração de editais.

  - Tempo médio de permanência da minuta em cada posto de trabalho: total do tempo de permanência da minuta de edital em cada posto de trabalho/quantidade de solicitações que passaram pelo posto considerado.

    Aplicação: medir a produtividade de cada posto de trabalho.

  - Extensão contida nos editais publicados até o mês

    Aplicação: medir a produtividade em relação ao planejamento físico do DIE.

  - Valor contido nos editais publicados até o mês

    Aplicação: medir a capacidade de realização do planejamento financeiro do DIE.

Passo 4. Definir o responsável pela manutenção do painel de controle e por responder pelas informações de cada área envolvida.

Passo 5. Validar a árvore de indicadores feita em reunião em que estavam presentes o chefe do departamento, seu assistente e os responsáveis pelos indicadores operacionais do setor de elaboração de editais e da assessoria jurídica.

Passo 6. Analisar o ambiente interno para definição das facilidades de TI disponíveis. Foi identificada a possibilidade de utilização da rede interna porque já integra todos os postos de trabalho do departamento. Faltavam, contudo, equipamentos.

Passo 7. Definir o meio utilizado. Um painel de controle pode ser construído manualmente, através da consolidação periódica dos resultados que alimentarão os indicadores que comporão o painel. Contudo, nos dias de hoje, não dá para conceber uma organização de qualquer nível, pública ou privada, que não disponha de recursos mínimos de informática que tornem possível a automatização dessa ferramenta.

Passo 8. Montar o protótipo do painel de controle. Temos presenciado o uso tanto do Excel quanto do PowerPoint na montagem de protótipos dessa ferramenta. O uso de protótipos do painel de controle permite o amadurecimento quanto ao seu uso facilitando a especificação da aplicação definitiva quando chegar a hora do seu desenvolvimento.

Passo 9. Implantar o protótipo consiste no uso em intervalos de tempo regularmente definidos em função de fatores como: natureza do processo, facilidades disponíveis, criticidade das informações monitoradas, suporte de TI e da alta administração.

Passo 10. Validar a ferramenta. Ocorre a cada acesso e a cada reunião de análise dos dados nela representados. As demandas do processo é que irão definir quanto à pertinência ou não dos indicadores e das metas estabelecidas. O painel de controle tem como uma de suas principais características a adequação permanente ao uso e o caráter transitório de determinadas medidas. Não existe versão definitiva do painel de controle e sim, a mais atual.

5.6 IMPLANTAÇÃO DAS REUNIÕES DE CONTROLE

Essa reunião tem duplo objetivo:

- Controle, em função do acompanhamento do comportamento dos indicadores estabelecidos, e em que grau as metas definidas estão sendo atingidas pelo desempenho atual. Isso é feito girando o PDCA da função ou do processo considerado.
- Aprendizado, em função do caráter didático dessas reuniões, em que onde precisa estar clara a intenção da organização de aprender com seus próprios erros. Isso ocorre quando o líder sabe usar os resultados indesejáveis para alavancar o crescimento do grupo.

Os itens que devem constar da pauta dessa reunião foram objeto do capítulo anterior, quando abordamos as ferramentas de controle mais usuais na gestão de processos focados em resultados.

5.7 MELHORIA CONTÍNUA DO PROCESSO

O modelo de gestão de processos focado em resultados está alicerçado sobre a estrutura do PDCA ou do ciclo da melhoria contínua. Recordemos que os três pilares dessa estrutura são o padrão, os registros e os indicadores. Tudo na gestão visa à melhoria contínua do processo, que fica caracterizada a cada intervenção, objetivando a eliminação da causa

68   Capítulo Cinco

de uma falha qualquer que possa ter sido identificada pelos mecanismos de controle do processo. Concluiremos este capítulo com um exemplo da utilização da prática do tratamento de não-conformidades a fim de ratificar o compromisso do modelo proposto com a melhoria contínua do desempenho.

Durante o acompanhamento dos resultados do subprocesso de elaboração de editais, apurou-se um tempo médio de elaboração de 25 dias daquele documento, quando a meta estabelecida pelo chefe do setor era de 15.

O painel mostrou que 58% das solicitações recebidas chegavam àquele posto contendo erros e omissões que retardavam ou impediam o prosseguimento do processo.

Apurou-se também que, quando satisfeitos todos os requisitos de entrada, o tempo médio de elaboração do edital era de 12 dias.

A segmentação das falhas por unidades solicitantes revelou uma concentração de 82% numa única unidade e que os requisitos de entrada do subprocesso Elaboração de Editais não haviam sido divulgados para as pessoas da unidade que possuíam o maior número de problemas.

Abriu-se, então, um registro de não-conformidade para tratar a causa do problema. O formulário, na Figura 5.5, é o registro do tratamento dado ao problema. A identificação e o tratamento das não-conformida-

Registro de não-conformidade	
Área/setor: Elaboração de editais	**Data:**
Descrição da não-conformidade: Tempo médio apurado acima da meta estabelecida. **Identificada por:** Rodrigo DIE-41 **Data:** 02/04/2005	**Ação corretiva:** - Preparar *check list* dos documentos que devem constar de uma solicitação de abertura de editais (requisitos de entrada) - Capacitar as pessoas que emitem solicitações de abertura de editais no cumprimento dos requisitos de entrada do processo de Elaboração de Editais
Causa identificada: Erros e omissões nas informações prestadas na solicitação de abertura de edital. **Responsável:** Pablo **Data:** 03/04/2005	
Avaliação da eficácia da ação corretiva: **Responsável:** Marion	_x_ **Satisfatória** ___ **Insatisfatória** **Data:** 10/10/2007

FIGURA 5.5

des têm se revelado a maneira mais econômica e eficaz de promover a melhoria do desempenho dos processos corretamente gerenciados.

No próximo capítulo, apresentaremos como fundamentos e ferramentas se encaixam em cada etapa do ciclo da melhoria contínua do modelo de gestão de processo proposto.

Por fim, serão apresentadas duas aplicações da teoria aqui exposta, em organizações de natureza jurídica diferente, a fim de se evidenciar a aplicabilidade do modelo proposto tanto no setor público quanto no setor privado.

CAPÍTULO 6

Como as Práticas Propostas se Encaixam no Ciclo PDCA

Este capítulo tem os seguintes objetivos:

- Fazer uma revisão crítica dos principais conceitos que dão sustentação ao modelo proposto.
- Apresentar onde as práticas propostas se encaixam no ciclo de melhoria dos processos.

6.1 REVISÃO CRÍTICA DOS FUNDAMENTOS DO MODELO PROPOSTO

A Figura 6.1, objetiva situar o conjunto das práticas propostas, com cada uma das quatro etapas do ciclo PDCA visando garantir a manutenção do foco da gestão de processo na melhoria contínua dos resultados.

Passaremos a fazer algumas considerações essenciais sobre as diversas etapas do ciclo PDCA com vistas a fixar a importância de cada uma delas no modelo de gestão proposto.

6.1.1 Etapa de Planejamento

É marcada por uma reunião de análise crítica do ciclo anterior do processo. Dela participam obrigatoriamente o proprietário do processo e

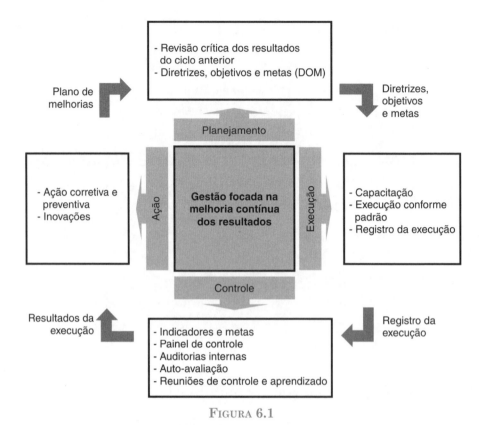

FIGURA 6.1

pelo menos um representante de cada função que compõe a cadeia de agregação de valor.

Os principais objetivos dessa reunião são:

- avaliação do grau e do custo em que as metas estabelecidas foram alcançadas;
- identificação dos pontos fortes e fracos observados ao longo do período considerado;
- estabelecimento das diretrizes, dos objetivos e das metas para o novo ciclo;
- análise da adequação dos procedimentos atuais em face das novas metas e diretrizes estabelecidas.

Os documentos de referência para essa reunião são:

- o planejamento estratégico da organização, que irá balizar os objetivos e as metas de cada processo interno;

- os indicadores, as metas e os gráficos de desempenho do ciclo a ser analisado;
- o plano de melhorias vigente;
- o documento de convocação da reunião, que define participantes, data, horário (de início e de fim), local, recursos utilizados e roteiro dos temas a serem abordados durante a reunião.

Os resultados dessa reunião devem ser registrados em ata e se constituirão no marco zero do novo ciclo do processo.

6.1.2 Etapa de Execução

Fica caracterizada pela operacionalização tanto das atividades rotineiras quanto do desenvolvimento das ações de melhoria do processo. Tudo deve acontecer conforme as diretrizes acordadas na reunião de análise crítica do processo. São os seguintes os aspectos essenciais que deverão ser objeto de observação durante a etapa de execução:

6.1.2.1 Em relação às atividades rotineiras

Garantia do fiel cumprimento dos padrões estabelecidos, feita a partir da capacitação de todos os operadores, em relação ao padrão que orientará seus procedimentos. Uma atualização sistemática e imediata dos operadores, em relação às alterações dos padrões vigentes, exercida pelos gerentes, sempre que necessário.

O exercício da revisão periódica dos padrões envolvendo todos os participantes do processo, além de estimular a conscientização sobre o papel e as responsabilidades individuais, permite garantir que o padrão vigente seja a melhor forma de atuar, dentro das condições disponíveis naquele momento. Em síntese, essa prática busca garantir a melhoria contínua da qualidade e da produtividade dos processos.

6.1.2.2 Em relação às atividades de melhoria

A manutenção de atividades que buscam a melhoria do desempenho do processo, a maior satisfação do cliente, o conforto e o bem-estar dos operadores estimula o ciclo virtuoso do processo, gerando um clima de esperança e de otimismo entre os membros da equipe. A organização é a grande beneficiária dessas iniciativas.

6.1.2.3 Em relação aos registros da operação

Quando organizados e codificados segundo uma lógica inteligente, os registros permitem a rastreabilidade dos processos, gerando um clima de segurança entre os operadores que têm nesses registros o respaldo para suas operações e o documento capaz de esclarecer quaisquer dúvidas quanto ao *modus operandi* do seu posto de trabalho e, por conseguinte, do processo.

Por constituírem a evidência objetiva do serviço prestado e da sua forma de execução, os registros são fundamentais para a análise e o aperfeiçoamento dos processos. A codificação e a organização dos registros aceleram a produtividade e reduzem o nível de estresse no ambiente de trabalho.

6.1.2.4 Em relação à capacitação dos operadores

Constitui-se na atividade chave para o sucesso de qualquer modelo de gestão, porque, conforme visto, anteriormente, nenhuma organização é melhor do que as pessoas que nela trabalham, e são as pessoas que fazem o processo acontecer. Desenvolver o conhecimento, a consciência do dever, saber o porquê da atividade e aprimorar a habilidade de executá-las são o melhor investimento para se obterem resultados sustentados. A escolha dos assuntos a serem ministrados e da metodologia utilizada para fazê-lo, é fator crítico de sucesso no desenvolvimento de qualquer processo.

6.1.3 Etapa de Controle

Trata-se do pulmão do modelo de gestão, porque como afirmado, anteriormente, sem medida não há controle e sem controle não há gestão. Essa é uma proposta de implantação da cultura da melhoria contínua, e só é possível melhorar aquilo que é medido. As ferramentas e práticas mais usadas nessa etapa são:

6.1.3.1 Indicadores

Criar e usar, adequadamente, indicadores e metas é o caminho mais curto para a busca da eficiência administrativa, porque sem eles a prática da gestão não fica caracterizada em sua plenitude. As medidas, quando utilizadas corretamente, são um poderoso instrumento de motivação interna, porque, além de evidenciarem o resultado do trabalho humano, permitem reconhecer o mérito da realização dos desempenhos de nível elevado.

6.1.3.2 Painel de controle

Cumpre o papel dos olhos do líder, em qualquer nível da organização. Usando indicadores como sensores do desempenho, é a ferramenta usada para informar, sempre que necessário, sobre o posicionamento em relação à rota anteriormente traçada e se existe ou não a necessidade de se realizar alguma intervenção para alcançar o ponto que idealizamos atingir.

Essa ferramenta é o divisor de águas entre a gestão que decide baseada exclusivamente no *feeling* do líder e a que considera, sobretudo, os fatos e dados presentes no contexto sobre o qual precisamos decidir. Implantar um painel de controle tornou-se uma prioridade de nível elevado no mundo organizacional contemporâneo. Ele ajuda a distinguir com maior clareza gestores de chefes.

6.1.3.3 Auditorias internas

Diferentemente das auditorias contábeis, as auditorias de processo são um recurso gerencial que, além de garantir a conformidade aos padrões estabelecidos, contribuem para identificar oportunidades de melhoria nos processos auditados. Só é possível auditar aquilo que tem um padrão para ser confrontado. As auditorias reforçam a importância da padronização dos processos.

6.1.3.4 Auto-avaliação

A auto-avaliação é um exercício de análise crítica pelos próprios membros da organização. Quando as pessoas se dispõem a avaliar o dia-a-dia da organização, com imparcialidade e foco na melhoria do desempenho, o resultado costuma ser o desenvolvimento organizacional e o crescimento do grupo. Essa ferramenta permite à gerência acompanhar a evolução do desempenho dos elementos-chave ou apenas daqueles escolhidos como objetivo da avaliação. Quando bem utilizada, a auto-avaliação serve para estimular a integração, o envolvimento e a conscientização do time de processo.

6.1.3.5 Reuniões de controle e aprendizado

Essas reuniões materializam a consolidação do modelo de gestão proposto. Elas servem para dar voz a todos os que atuam no processo. No caso de processos complexos e/ou muito extensos, reuniões preliminares entre os membros das diversas funções que compõem a cadeia de agregação de valor do processo são recomendáveis, para otimizar a reunião que tratará do processo como um todo.

A pauta das reuniões de controle e de aprendizagem deve conter, entre outros, os seguintes tópicos:

- acompanhamento de pendências;
- resultados positivos e negativos obtidos e suas respectivas causas;
- comportamento das medidas utilizadas dentro do período considerado e suas respectivas tendências;
- causas prováveis das falhas e das reclamações de clientes;
- relatório de auditorias recentes;
- adequação dos recursos;
- nível de competência e de motivação do time de processo;
- impactos de novas demandas e/ou da aquisição de novas tecnologias sobre o produto do processo.

O painel de controle serve de fio condutor dessas reuniões, emprestando-lhes agilidade e foco nas questões essenciais.

A ata da reunião é lugar do registro das deliberações tomadas e o veículo de comunicação ideal para nivelamento das informações sobre o desempenho do processo. Além da ata, outro produto da reunião é o plano de melhorias atualizado.

6.1.3.6 Etapa de ação corretiva e preventiva

De nada adianta medir se não houver disposição para agir. Com base nas medições apuradas e nas oportunidades de melhorias levantadas, elabora-se o plano de melhorias, que deverá ser observado quanto ao seu impacto sobre o eixo das novas demandas do processo. Essa etapa caracteriza o encerramento de um ciclo da melhoria contínua e o início imediato do ciclo seguinte.

A periodicidade desses ciclos é função do nível organizacional e da natureza das atividades gerenciadas. Um posto de trabalho pode girar seu PDCA diariamente, enquanto um departamento pode fazê-lo semanalmente, para apreciar o desempenho da função sob sua responsabilidade que integra o processo maior. Já o proprietário do processo pode optar por realizar reuniões mensais para proceder ao gerenciamento do processo.

6.2 APLICAÇÕES PRÁTICAS DA TEORIA APRESENTADA

Apresentaremos a seguir três aplicações práticas da teoria exposta até aqui, uma no setor público e a outra no setor privado. Por termos acompanhado de perto essas duas experiências e observado a forma como os resultados evoluíram, mas, sobretudo, a reação positiva das pessoas que estiveram à frente dessas mudanças, ficamos absolutamente tranqüilos para recomendá-las àquelas organizações que buscam uma referência para seus modelos estruturados de gestão.

CAPÍTULO 7

Aplicação – Exemplos Concretos

7.1 NINGUÉM É LÍDER POR ACASO – A HISTÓRIA DE SUCESSO DA GV

A GV é uma empresa de gerenciamento do risco de transporte de cargas e do patrimônio. Com sede em São Paulo, por atuar segundo os princípios e práticas do modelo aqui proposto, ela é uma evidência objetiva de sua aplicabilidade. Sua diretriz geral pode ser traduzida pela obsessão com que se entrega à busca de patamares superiores de desempenho, fazendo da qualidade dos seus serviços seu grande diferencial.

Assim como o fracasso, o sucesso também não é obra do acaso. Por ter acompanhado a caminhada dessa empresa até a conquista da liderança do mercado, destacaria como responsáveis por essa notável história de sucesso os seguintes fatores:

- visão clara do negócio;
- determinação, arrojo e credibilidade do seu líder máximo;
- comprometimento total do corpo técnico, em particular daqueles que atuam na área operacional;
- suporte competente da área de tecnologia da informação; e
- recursos adequados ao cumprimento da missão.

80   Capítulo Sete

Em fins de 2004, quando a GV iniciou sua arrancada rumo à liderança do setor, chamavam a atenção no modelo de gestão vigente duas práticas, comuns à maioria das organizações emergentes: a forte centralização do poder e a orientação exclusiva por indicadores financeiros.

Em 2005, a empresa estabeleceu como um dos seus objetivos estratégicos a profissionalização do modelo de gestão, e optou por fazê-lo a partir da implantação dos requisitos da Norma ISO 9001:2000. Em dezembro daquele ano, a conquista do selo ISO aconteceria de forma natural.

Sabíamos, na época, da dificuldade de desenvolver a orientação por processos numa organização que nasceu e ganhou mercado, segundo uma estrutura organizacional fragmentada e fortemente hierarquizada. É complicado mexer em time que está ganhando, sobretudo porque os bons resultados servem de reforço para o continuísmo, mas essa era uma empresa diferente.

Como estratégia de integração das áreas e busca contínua do aperfeiçoamento do desempenho foram iniciados dois esforços paralelos e complementares: o aperfeiçoamento dos padrões operacionais e a política de melhorar tudo, por meio de medições.

Uma visão integrada das principais atividades que deveriam orientar o foco dos gerentes foi então estabelecida.

▪ O Foco da Ação dos Gerentes de Contrato

O desafio gerencial naquela empresa sempre foi, e continua a ser, a criação e a manutenção de ambientes de trabalho produtivos e humanizados. A Figura 7.1 representa graficamente o foco da ação gerencial e a interdependência das principais ações que compõem esse foco, cujo objetivo maior é a satisfação do cliente.

▪ Gestão de Processo

O modelo de gestão de processo adotado por todas as células de negócio é o descrito no Capítulo 2, e está orientado para a melhoria contínua dos resultados, buscados por meio do giro regular e sistemático do PDCA.

Padrão periodicamente revisado e adequado às novas demandas, registros da operação organizados e capazes de permitir a pronta rastreabilidade de qualquer serviço prestado, além do contínuo monitoramento dos

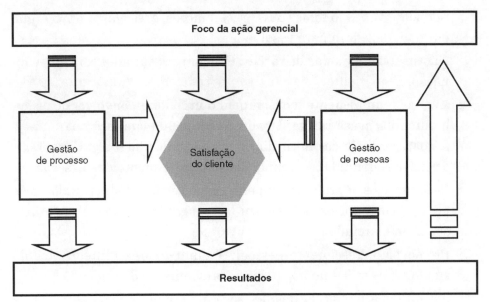

FIGURA 7.1

resultados medidos pelos indicadores de qualidade e de produtividade, são os pilares que sustentam a ação gerencial vigorosa e bem-sucedida.

■ Gestão de Pessoas

Durante o ano de 2007, como parte do aperfeiçoamento continuado do corpo técnico, a GV desenvolveu um amplo programa de capacitação gerencial, do qual extraímos algumas das orientações construídas por aquele grupo de gerentes e que servem de diretriz para o relacionamento interno:

- Criar um sentimento de orgulho em relação ao trabalho.
- Tornar as pessoas autônomas e não autômatos. Criar significado para os subordinados mostrando-lhes a importância do seu trabalho para a organização e para a sociedade.
- Comemorar tudo: metas atingidas, promoções, aniversários etc.
- Desenvolver em cada colaborador a certeza de que o trabalho também é lugar de pessoas felizes.
- Procurar as causas das eventuais falhas no processo, antes de buscar culpados entre as pessoas.
- Estimular as críticas que visam à melhoria dos processos e reconhecer, de alguma forma, aquelas que agregaram valor à organização.

- Ser acessível. Não temer ouvir reclamações, e, se elas acontecerem, dar o melhor de si para resolvê-las.
- Não se esconder atrás de razões. Buscar os resultados com determinação.
- Avaliar regularmente o desempenho individual, envolvendo os subordinados nessa tarefa. Usar o resultado da avaliação para aperfeiçoar, mas não se omitir diante do desempenho fraco. Conversar, orientar e estimular a recuperação e o crescimento das pessoas.
- Reconhecer sempre o desempenho excepcional, distinguindo essas pessoas como forma de valorizá-las perante o grupo e aumentar a sua auto-estima.
- Promover o crescimento pessoal. Treinar todos os integrantes da sua força de trabalho nos padrões previamente definidos.
- Estimular a iniciativa das decisões, no âmbito da competência de cada colaborador.
- Respeitar as pessoas acima de tudo.

■ Satisfação do Cliente

Algumas práticas mantidas pela GV objetivam manter a constante sintonia com seus clientes. Dentre elas podemos destacar as seguintes:

a. regularmente, clientes que possuem operações mais nervosas e/ou delicadas são convidados a participar das reuniões dos gerentes de contrato, para falar sobre o seu negócio e do impacto dos serviços da GV na sua operação, inclusive propondo melhorias nesse relacionamento e na forma de atuação da GV;

b. regularmente, avaliar o nível de satisfação dos clientes usando os resultados dessa pesquisa tanto para atualizar o plano de melhorias da área operacional e de apoio quanto para compor o indicador de avaliação dos gerentes de contrato, assegurando assim o peso desse item para a empresa.

■ Resultados

Todas as ações descritas anteriormente têm como ponto de convergência a apuração dos resultados. A GV desenvolveu e implementou uma ferramenta gerencial com essa finalidade, o seu painel de controle. Todas as decisões são respaldadas por medidas de desempenho. Uma árvore de indicadores desenvolvida a partir do resultado mensal da empresa (receitas menos despesas) permite uma visão geral do andamento do negócio, bem como das atividades e áreas que concorrem para esse resultado.

A partir da utilização do painel de controle, foi disseminada a compreensão de que o resultado financeiro nada mais é do que o reflexo de todos os acertos e erros cometidos durante o período considerado.

O uso das cores verde, amarela e vermelha ajuda a visualizar a situação de cada medida em relação às metas previamente acordadas. Essa prática confere agilidade e objetividade às reuniões gerenciais. A partir do uso do painel de controle, a GV livrou-se dos riscos das organizações dirigidas com os olhos fixos no retrovisor, ou seja, numa paisagem que já ficou para trás. A análise das tendências dos indicadores permite uma atuação cada vez mais preventiva, como é o desejo de seu líder.

O painel de controle obriga cada gerente ter a explicação para as variações, positivas e/ou negativas, dos indicadores sob sua responsabilidade. Gráficos de desempenho muito colaboram nessas explanações.

▪ Novos Horizontes

Em função do seu compromisso com a qualidade e com a vanguarda do setor, a GV já ensaia novos vôos, ainda mais altos, sempre ancorada num modelo de gestão de processos em constante evolução, que incorpora todos os requisitos dos sistemas de gestão da qualidade e de cuja história temos orgulho de ser partícipes. Convido o leitor a saber um pouco mais sobre essa vigorosa organização visitando o site www.grupogvrisco.com.br.

Algumas falácias popularizadas pela intensa repetição têm trazido danos ao desenvolvimento organizacional. Uma delas, ao afirmar que "administração é bom senso", abre caminho para que qualquer pessoa assuma uma função gerencial, desde que tenha algum apadrinhamento. Os efeitos dessa assertiva têm sido desastrosos, sobretudo no setor público, que, por força dessa crença, por vezes tem negligenciado a formação gerencial de seus líderes. Outra falácia é a de que as modernas técnicas de gestão não prosperam no ambiente público. Nossa experiência com servidores tem revelado exatamente o contrário. Sobretudo, com

84   Capítulo Sete

a retomada dos concursos públicos e a escassez de oferta de trabalho em nossa sociedade, observamos que um número cada vez maior de pessoas bem-formadas tem chegado àquele setor. Cito o exemplo da atual equipe que forma o Núcleo da Qualidade do TSE. Pessoas jovens, com extraordinária capacidade de realização e um nível de comprometimento poucas vezes encontrado num ambiente profissional. O resultado tem sido a colheita de sucessivos sucessos que estão influenciando de forma profunda a maneira como vem sendo administrada aquela Corte.

O caso narrado a seguir, ocorrido em outra instituição pública, ratifica essa visão.

7.2. O PROCESSO DE ELABORAÇÃO DA PROPOSTA ORÇAMENTÁRIA DO DEPARTAMENTO DE INFRA-ESTRUTURA – DIE

A apresentação dos procedimentos proposta do processo de planejamento do DIE está organizada em duas partes:

- Parte 1, em que são abordados os fundamentos do processo de planejamento.
- Parte 2, que contém Procedimento para Elaboração da Proposta Orçamentária do DIE.

7.2.1 Parte 1: Fundamentação do Processo de Planejamento

7.2.1.1 Motivação do processo

A principal motivação para o aperfeiçoamento do processo de planejamento no DIE deve ser a melhoria contínua da qualidade do gasto público, a partir da proposição, exclusiva, de itens que atendam aos seguintes requisitos:

- notório interesse da sociedade;
- aumento da eficiência e da eficácia da máquina do Estado;
- conformidade com os requisitos especificados pela área técnica competente;
- exigido pela manutenção das atividades de apoio aos serviços prestados à sociedade.

7.2.1.2 Conjunto de premissas

As premissas que devem guiar o desenvolvimento do processo de planejamento do DIE são:

- **Abrangência e integração lógica**

  O processo de desenvolvimento do processo de planejamento deve abranger a totalidade das atividades executadas pelo DIE, sejam elas administrativas ou derivadas do cumprimento de sua missão, procurando integrá-las logicamente.

- **Aprendizagem**

  O processo de desenvolvimento do processo de planejamento deve ser utilizado como uma das principais oportunidades de aprendizagem e de crescimento para as pessoas individualmente e para todo o grupo afetado por suas análises e decisões;

- **Integração humana**

  O processo de desenvolvimento do processo de planejamento deve estimular a participação de um número sempre crescente de pessoas, estimulando a ampliação de sua capacidade criadora, decisória e executiva no âmbito do DIE.

- **Integração com o orçamento**

  O processo de desenvolvimento do processo de planejamento integra-se ao orçamento e ao processo contábil, respeitando os limites orçamentários e enquadrando-se às rubricas contábeis.

7.2.1.3 Garantia da integração, participação e aprendizagem

Conceito de Replan

As Reuniões de Planejamento – Replan – são estruturas lógicas e temporárias cujo propósito é garantir o envolvimento de todos os níveis da cadeia hierárquica da organização considerada, na elaboração do seu planejamento anual, aqui consolidado na Proposta Orçamentária.

Participação dos diversos níveis

A Figura 7.2 dá uma visão geral de como obter a participação de todos os níveis da organização e quem são os integrantes de cada Replan.

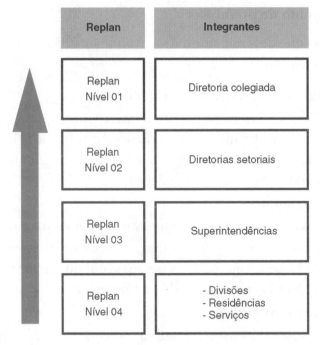

FIGURA 7.2

Potencialidades do modelo proposto

Um processo de planejamento propicia uma série de aprendizados, dos quais destacamos:

a. O desenvolvimento do processo de planejamento propicia uma abordagem ampla e integrada dos problemas e das prioridades da organização, possibilitando:
   – desenvolver uma postura proativa, pois, ao se identificarem oportunidades e ameaças, age procurando antecipar-se a elas;
   – enxergar problemas que impactam de modo mais agudo as aspirações da organização como um todo e não apenas problemas restritos a uma área específica;
   – estimular a integração das diversas áreas, ao identificar e propor o desenvolvimento de projetos interfuncionais, otimizando tempo e demais recursos.
b. O desenvolvimento do processo de planejamento cria condições para a construção de instrumentos adequados às necessidades da organização, porque:

Aplicação – Exemplos Concretos   **87**

- gera uma visão orientada pela missão e pelos valores, facilitando a comunicação da estratégia e dos objetivos globais;

- possibilita uma visualização antecipada dos meios, ações e recursos necessários à consecução das metas propostas.

c. O desenvolvimento do processo de planejamento possibilita o desempenho eficaz das funções executivas e o desenvolvimento gerencial, porque:

- impõe uma disciplina executiva;

- impõe a definição de indicadores que possibilitam medir o desempenho, além do acompanhamento dos prazos estipulados para a execução das atividades planejadas;

- estimula a atuação através dos ciclos de melhoria contínua. A organização deve planejar, analisar as causas que a levaram a não atingir as metas e atuar de modo preventivo ou corretivo, sempre que necessário;

- estimula o espírito de equipe entre o corpo gerencial, ao definir objetivos e um direcionamento comum a todas as unidades organizacionais.

7.2.1.4 Considerações sobre o processo de planejamento

a. O desenvolvimento do processo de planejamento está relacionado ao futuro da organização – dessa forma, é preciso analisar o impacto das iniciativas atuais, nos objetivos perseguidos – relação de causa e efeito. O desenvolvimento do processo de planejamento, embora levante os objetivos desejáveis, acaba por fixar um conjunto de objetivos possíveis, considerados o contexto e as competências e recursos disponíveis. A definição das estratégias que conduzirão a esses objetivos acaba por constituir-se em elemento balizador da tomada de decisões.

b. O desenvolvimento do processo de planejamento é um processo decisório contínuo – alterações no ambiente externo ou interno podem determinar alterações na estratégia, e, em conseqüência, o desenvolvimento do processo de planejamento precisará alinhar-se com essa mudança de cenário.

A sistemática de avaliação do desempenho das diversas atividades que compõem o planejamento acabam por conferir a ele o caráter de um processo contínuo.

88 Capítulo Sete

c. O desenvolvimento do processo de planejamento estimula a visão horizontal – os diversos projetos decorrentes do processo de planejamento exigem o estreitamento da colaboração entre as áreas. Em geral, advém daí a formação de times com a responsabilidade de conduzir esses projetos, reforçando a visão horizontal da organização.

d. O desenvolvimento do processo de planejamento deve ser uma atividade sistemática – o desenvolvimento do processo de planejamento exige a definição de um conjunto de tarefas que devem estar previamente estabelecidas, amplamente divulgadas e enquadradas num cronograma.

Em ciclos de tempo previamente estabelecidos, esse processo, como os demais, deve ser submetido a avaliação crítica, visando ao seu aperfeiçoamento contínuo.

e. O desenvolvimento do processo de planejamento deve ter a liderança do gerente de nível mais alto e deve ser um processo participativo. O desenvolvimento do processo de planejamento é um processo de responsabilidade do número um da organização. Todas as unidades devem ser envolvidas no processo de preparação do planejamento, criticando o modelo vigente e fazendo uma análise crítica do seu próprio desempenho, a fim de oferecer subsídios ao novo processo.

Objetivos permanentes

O Departamento de Infra-estrutura entende que o seu **Resultado** é conseqüência do seu desempenho, que compreende a qualidade dos seus projetos e o desempenho da sua execução, bem como da intensidade com que consegue atingir os seguintes objetivos permanentes:

- **Fortalecimento da imagem institucional**

  Visa ao irrestrito cumprimento dos compromissos do DIE com o governo e à eficiência e à qualidade dos serviços entregues à sociedade.

- **Atualização tecnológica**

  Assume relevância, dado que o negócio do DIE está baseado no tratamento intensivo de informações e portanto é fortemente dependente da tecnologia da informação.

- **Aperfeiçoamento dos processos**

  A dinâmica do negócio Expansão e Manutenção da Malha Rodoviária, marcada pela constante evolução das múltiplas variáveis nele envolvidas, impõe uma constante melhoria de todos os seus processos, incluindo de gestão, de negócio ou de apoio ao negócio do departamento.

- **Desenvolvimento de pessoas**

    A responsabilidade do DIE sobre a malha rodoviária do estado está diretamente relacionada à segurança e ao conforto dos seus usuários. Isso reforça a necessidade de capacitar adequadamente o pessoal envolvido tanto nas atividades operacionais quanto naquelas de apoio a essas atividades.

- **Adequação dos recursos**

    Às necessidades do negócio é uma imposição para que se cumpram os objetivos relacionados anteriormente.

Dessa forma, todos os projetos que nascem do desenvolvimento do processo de planejamento devem estar alinhados com um ou mais desses objetivos permanentes já relacionados. A Proposta Orçamentária é o instrumento utilizado pelo serviço público para materializar o planejamento dos diversos órgãos que possuem dotação orçamentária para o cumprimento de suas respectivas missões.

O processo de elaboração da proposta orçamentária do DIE

A Figura 7.3 apresenta uma visão geral das diversas etapas que compõem o processo de desenvolvimento do processo de planejamento.

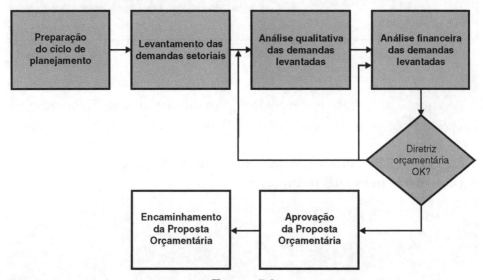

FIGURA 7.3

A Figura 7.4 apresenta o funcionamento das Replan durante o processo de desenvolvimento da Proposta Orçamentária do Departamento de Infra-estrutura.

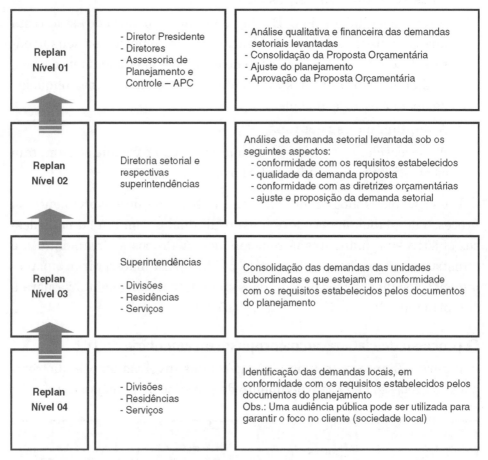

FIGURA 7.4

A seguir é apresentado o modelo do Procedimento para Elaboração da Proposta Orçamentária, no âmbito do Departamento de Infra-estrutura.

7.2.2 Parte 2: Procedimento para elaboração da proposta orçamentária pelo DIE (minuta)

1. OBJETO E APLICAÇÃO

1.1 Objeto

Orientar os diversos órgãos do DIE sobre os procedimentos a serem adotados por ocasião da Elaboração da Proposta Orçamentária.

1.2 Aplicação

Todos os órgãos do DIE envolvidos na manutenção da malha rodoviária do estado.

2. CONCEITOS

Proposta Orçamentária – documento que discrimina e consolida o conjunto de ações planejadas para atender à manutenção e à expansão da malha rodoviária do estado.

LOA – "lei especial que contém a discriminação da receita e da despesa pública, de forma a evidenciar a política econômica e financeira e o programa de trabalho do governo, obedecidos os princípios da unidade, universalidade e anualidade. É também conhecida como Lei dos Meios, porque possibilita os meios para o desenvolvimento das ações relativas aos diversos órgãos e entidades que integram a administração pública."

Ciclo PDCA – é o arranjo lógico do conjunto de atividades relacionadas às quatro fases do ciclo da melhoria contínua de um processo qualquer que são o Planejamento, a Execução, o Controle e as Ações Corretivas ou Preventivas derivadas desse Controle.

Demandas Planejadas – são as demandas identificadas pelos órgãos do DIE, por ocasião do processo de elaboração da proposta.

Demandas Não-Planejadas – são demandas impostas ao DIE após a aprovação da Proposta Orçamentária.

Replan – sigla das Reuniões de Planejamento do DIE. São estruturas lógicas e temporárias cujo propósito é garantir o envolvimento de todos os níveis da cadeia hierárquica da organização considerada, na elaboração do seu planejamento anual, aqui consolidado na Proposta Orçamentária.

As Replan são constituídas pelos representantes das seguintes unidades:

Replan 04 – Residências, Setores e Divisões

Replan 03 – Superintendências, Residências, Setores e Divisões

Replan 02 – Diretorias e Superintendências

Replan 01 – Presidência, Diretorias, Assessoria de Planejamento e Controle

3. PREMISSAS

São duas as premissas do processo de planejamento do DIE:

Capítulo Sete

1. Toda proposta de contratação deriva exclusivamente da Proposta Orçamentária e terá o "de acordo" da Assessoria de Planejamento e Controle.

2. Propostas de contratações não-programadas terão sempre o "de acordo" da Diretoria Colegiada do DIE.

4. RESPONSABILIDADES

As responsabilidades dos diversos atores envolvidos no processo de elaboração da Proposta Orçamentária estão assinaladas nas Figuras 7.5

- para identificar demandas – todos os órgãos do DIE
- para consolidar as demandas levantadas – chefia de posto mais elevado presente na Replan
- para orçar a Proposta Orçamentária – Assessoria de Planejamento e Controle
- para aprovar a proposta Orçamentária – Diretor Presidente do DIE

5. PROCEDIMENTOS

5.1 Durante a Preparação do Novo Ciclo de Planejamento

Responsável	Passo	Procedimento
APC	1	Solicitar das Diretorias críticas e sugestões para melhoria do processo de elaboração da Proposta Orçamentária
	2	Rever e atualizar os documentos do planejamento: - diretrizes gerais e orçamentárias - requisitos técnicos a serem observados pelas demandas encaminhadas à Proposta Orçamentária - calendário do próximo ciclo a ser iniciado - procedimentos de elaboração de Proposta Orçamentária atualizados
	3	Submeter os documentos do planejamento à Diretoria Colegiada
Diretoria Colegiada	4	Aprovar os documentos do planejamento
APC	5	Divulgar os documentos do planejamento pelo DIE
	6	Criar sistemática para atender às dúvidas sobre o material distribuído
Todos os órgãos envolvidos	7	Acusar recebimento dos documentos de planejamento

FIGURA 7.5a

5.2 Durante a Replan 04

Responsável	Passo	Procedimento
Participantes das Replan 04	8	Identificar demandas locais certificando-se de sua conformidade com os documentos do planejamento Obs.: Submeter a proposta a Audiência Pública
	9	Encaminhar às respectivas Superintendências as demandas levantadas conforme documentos do planejamento, classificadas em técnicas e administrativas
Superintendente	10	Avaliar o material recebido das Replan 04 Convocar Replan 03 conforme calendário

FIGURA 7.5b

5.3 Durante a Replan 03

Responsável	Passo	Procedimento
Superintendente e representantes das Replan 04	11	Consolidar as demandas da Superintendência após analisar sua conformidade com as diretrizes estabelecidas para aquele ciclo de planejamento
Superintendente	12	Encaminhar às respectivas Diretorias as demandas da Superintendência classificadas em técnicas e administrativas
Gabinete do Diretor	13	Controlar o material recebido das Replan 03 Convocar Replan 02 conforme calendário

FIGURA 7.5c

5.4 Durante a Replan 02

Responsável	Passo	Procedimento
Diretor e Superintendentes	14	Consolidar as demandas das respectivas Diretorias após analisar sua conformidade com os documentos do planejamento
Diretores	15	Encaminhar à APC as demandas da sua Diretoria, classificadas e separadas quanto à sua natureza: demandas técnicas e demandas administrativas
APC	16	Controlar o material recebido das Replan 02 Convocar Replan 02 conforme calendário
	17	Analisar adequação das demandas às diretrizes de planejamento
	18	Consolidar o pleito das Diretorias
Diretor Financeiro	19	Confrontar a proposta consolidada com as diretrizes orçamentárias

FIGURA 7.5d

(continua)

94   Capítulo Sete

(Continuação)

Responsável	Passo	Procedimento
	17	Interagir com as Diretorias Setoriais para promover acertos e remeter a proposta ajustada à APC
APC	18	Encaminhar a Proposta Orçamentária consolidada ao Diretor Presidente
Diretor Presidente	19	Convocar a Replan 01 conforme calendário do processo

FIGURA 7.5d

5.5 Durante a Replan 01

Responsável	Passo	Procedimento
Diretoria	20	Analisar a Proposta Orçamentária, sugerindo ajustes quando for o caso
APC	21	Promover os ajustes solicitados
Diretor Geral	22	Encaminhar a Proposta Orçamentária para análise e aprovação da instituição competente

FIGURA 7.5e

6. INDICADORES

a. Tempo de Ciclo do Processo de Elaboração da Proposta Orçamentária

b. Taxa de Aprovação dos Itens Programados pelo DIE (físico e financeiro)

c. Taxa de Participação de cada Regional no Orçamento (físico e financeiro)

d. Emendas Incorporadas ao Orçamento do DIE (físico e financeiro)

e. Taxa de realização dos Itens Incorporados sem os Requisitos do Processo

f. Taxa de Propostas rejeitadas (internas e externas ao DIE)

7.3 APLICAÇÃO DA GESTÃO DE PROCESSO NO APERFEIÇOAMENTO DA ADMINISTRAÇÃO MUNICIPAL

"O governo é percebido como um aparelho intimidador, um nó de órgãos e regulamentos descoordenados entre si."
Bill Gates

7.3.1 Contextualização

O relato da aplicação que se segue é fruto da solicitação de um candidato ao cargo de prefeito, num município do Nordeste. A proposta nasceu da constatação de que a maioria dos políticos eleitos para cargos executivos o faz com base em plataformas que geram expectativas muito positivas durante as campanhas eleitorais, transformando-se em grandes decepções durante o exercício para os quais eles acabaram eleitos.

Com formação acadêmica diversa, ou sem nenhuma formação, esses executivos chegam ao poder munidos de excelentes idéias, porém sem qualquer proposta para a melhoria do desempenho da máquina administrativa que terá a responsabilidade de viabilizar essas idéias.

Dentre as diversas causas que contribuem para essa realidade, selecionamos trabalhar em uma constatação presente diariamente na mídia: o modelo de gestão vigente na maioria de nossos municípios convive com problemas crônicos surgidos do esgotamento desse modelo, sustentado por conceitos e práticas que já não respondem aos anseios da sociedade contemporânea.

Embora existam diferenças marcantes entre os ambientes público e privado, a experiência tem demonstrado serem perfeitamente aplicáveis ao primeiro as diversas práticas importadas do segundo para a formulação da proposta desse novo enfoque gerencial. As principais diferenças que costumam ser apontadas entre esses dois ambientes são:

- Enquanto os objetivos da iniciativa privada pública se concentram no lucro, no setor público esse objetivo está concentrado na prestação de serviços à sociedade, visando ao bem-estar comum.
- A preocupação em satisfazer o cliente no setor privado está baseada no interesse pela sua fidelização, mirando os reflexos positivos que ela possa vir a ter no caixa da empresa, enquanto no setor público essa preocupação consiste no simples cumprimento do dever.

96   Capítulo Sete

- Diferentemente do setor privado, em que o cliente remunera diretamente a organização, pagando-lhe o que entende ser o preço justo pelo serviço recebido, no setor público o pagamento se faz através dos impostos pagos pelo cliente-cidadão, sem que isso guarde nenhuma relação de valor com a qualidade ou quantidade do serviço recebido, e a recompensa limita-se ao reconhecimento da sociedade pela qualidade do serviço público prestado.

Todas essas diferenças sempre estiveram presentes na elaboração do modelo proposto. A experiência tem demonstrado que, do ponto de vista da média de anos de estudo, o corpo técnico do setor público, em geral, supera o do setor privado, porém, isso não acontece quando confrontamos a eficiência. A iniciativa privada, por imposição de mercado, se vê compelida a fazer sempre mais com menos, até por uma questão de sobrevivência. Dessa forma, as mudanças de direção e de velocidade são uma imposição constante do mercado, enquanto no setor público, pela certeza da perenidade dessas organizações, seus membros costumam ser menos ágeis e menos receptivos às mudanças. Esse é um aspecto crucial que não pode ser negligenciado durante nenhuma das etapas de qualquer projeto cujo desenvolvimento dependa da disposição das pessoas para promoverem a necessária mudança cultural.

O caso real, narrado a seguir, será apresentado com a seguinte estrutura:

- Objetivo do projeto
- Caracterização do problema
- Principais causas do problema
- Solução proposta, incluindo:
  - princípios norteadores do modelo
  - ferramentas utilizadas
  - visão geral do modelo
- Roteiro para implantação do modelo, que inclui:
  - ações anteriores à posse
  - ações durante o mandato
- Manutenção e melhoria do modelo proposto:
  - auto-avaliação
  - plano de melhorias

Projeto de aperfeiçoamento da máquina municipal

• Objetivo do Projeto

Concorrer para o estabelecimento de uma nova ordem pública no município, confrontando paradigmas e implementando uma lógica de trabalho baseada em princípios éticos e focada na satisfação de todos os integrantes da cadeia de valor da Prefeitura, munícipes, servidores, fornecedores e parceiros.

• Caracterização do Problema

O modelo de gestão pública predominante está alicerçado em dois fundamentos incompatíveis com as demandas do mundo contemporâneo: a organização funcional e a rigidez hierárquica. A insistência na perpetuação desse modelo burocrático tem sido apontada, inclusive por organismos internacionais de fomento, como uma das principais barreiras à melhoria da qualidade dos serviços públicos oferecidos à nossa sociedade. Nosso contato com a população do município em questão, aí incluídas as pessoas de baixa renda, revelou que a população, embora não saiba como reverter o quadro atual, tem consciência de que esse modelo atual oferece muito pouco, em contrapartida àquilo que arrecada em termos de impostos. Há, portanto, um flagrante desequilíbrio entre a eficiência da máquina estatal para arrecadar impostos e a transformação dessa arrecadação em satisfação e bem-estar da comunidade que paga esses impostos. Existe a clara sensação de que há um clamor oprimido, por parte daqueles que não têm voz nem vez, quando a questão é reivindicar seu direito a um atendimento público de qualidade. A linguagem dessa população é simples, mas a mensagem é consensual: é preciso garantir uma melhor destinação e um melhor controle do gasto público. A lógica do gastar muito para beneficiar poucos precisa ser substituída, com a urgência possível, pela lógica do fazer mais com menos, para um número maior de pessoas.

Embora já seja possível identificar em alguns estados e municípios iniciativas bem-sucedidas de implantação de modelos de gestão orientados para a busca contínua da melhoria do desempenho, com Minas Gerais e Vitória representando dois casos de sucesso, há que se reconhecer que no Brasil ainda há um enorme desafio a ser vencido. Foi esse o sentimento que levou o candidato a prefeito a nos procurar. Foi esse o nosso propósito ao delinear um conjunto de ações estruturadas e de comprovada eficiência, tanto na iniciativa privada quanto em empresas públicas, capaz de melhorar a relação proposta de campanha *versus* realização de governo.

Principais causas do baixo desempenho da máquina municipal em questão

Sabedores de que a compreensão das causas do problema é parte essencial da solução e de que são remotas as chances de cura quando se parte de um diagnóstico equivocado, depois de proceder ao exame da documentação acessível e a entrevistas com servidores e usuários dos serviços daquela prefeitura, concluímos existirem queixas de duas categorias:

- Uma jurídica, que são as queixas referentes a possíveis casos de desvio de conduta de servidores públicos. Essas são questões da alçada do Poder Judiciário e, portanto, fogem ao escopo deste trabalho.
- A outra refere-se à má qualidade do serviço prestado à população e que tem como causa o modelo organizacional e funcional da Prefeitura; essa pertence à nossa área de interesse. Acreditamos que somente com a implantação de um modelo de gestão alternativo e com a elevação do nível de competência dos servidores que terão a responsabilidade de executá-lo será possível reverter esse quadro agudo de insatisfação popular.

O diagnóstico que se segue, pela natureza dos problemas relacionados, reforça duas certezas:

1ª É possível confrontar e mudar o quadro atual, usando como argumento princípios e práticas de reconhecida eficiência e de fácil assimilação pelos servidores.

2ª Há que haver força política e obsessiva persistência para se lograr êxito ao se empreender essa longa caminhada.

Algumas causas do baixo nível de eficiência da gestão municipal

A Prefeitura ainda opera segundo o modelo de gestão tradicional, baseado na visão departamental e influenciado pelas seguintes distorções administrativas e comportamentais:

Aplicação – Exemplos Concretos **99**

- O foco está na burocracia e não no cliente-cidadão. Isso faz toda a diferença na hora de projetar os processos de prestação de serviço e de sua execução. A evidência objetiva desse problema ressalta nas sessões de melhoria de processo: sem que os requisitos do cliente sejam sequer mencionados, travam-se verdadeiras batalhas pela preservação do *status quo*.

- Valorização de uma burocracia empedernida, sustentada pelo paradigma da hierarquia que atende quase sempre ao ego dos gerentes e despreza a busca da maior linearidade do fluxo de informações. O resultado mais imediato e danoso dessa prática é a dilatação do ciclo do processo. Esse tipo de centralização, obriga o processo a percorrer alguns postos de trabalho que não agregam nenhum valor à cadeia de produção.

- Baixo nível de integração entre as unidades administrativas que compõem a estrutura organizacional, no caso da Prefeitura as Secretarias. Quando se trata de processos multifuncionais, isto é, aqueles cuja tramitação envolve mais de uma unidade administrativa, como o foco não está no cidadão e não há um comprometimento com o atendimento de seus requisitos, o tempo de resposta costuma irritar o contribuinte usuário do serviço.

- Em geral, o modelo de funcionamento da estrutura organizacional reforça a visão fragmentada do modelo funcional em que as Secretarias se comportam como "silos", isto é, estruturas altas e sem janelas que impedem a comunicação lateral. Cada unidade se comporta como se não tivesse nenhum compromisso com o que ocorre além de suas paredes. Falta a consciência da cadeia cliente-fornecedor interno.

- Os gestores gerenciam as caixinhas do organograma, em vez de gerenciarem as atividades da cadeia de valor sob sua responsabilidade. Essa prática estimula o surgimento dos "feudos", porque aprofunda a miopia gerencial impedindo o gestor de enxergar a cadeia de produção em toda a sua extensão. O objetivo das unidades se sobrepõe ao objetivo comum, que deve ser a busca do bem-estar e da satisfação dos munícipes com os serviços públicos municipais.

- Processos obsoletos, baseados em premissas que perderam a razão de ser, resistem ao tempo, respaldados por atos normativos desatualizados. Problemas operacionais decorrentes da falta de racionalidade desses procedimentos tornam-se crônicos. Não sobra tempo para pensar a melhoria do serviço prestado. As unidades assumem uma postura exclusivamente reativa. Os servidores atuam na maioria do tempo como bombeiros, lidando com processos cujas informações estão incompletas, invariavelmente com o tempo "estourado". Ambientes organizacionais em que não existe a perspectiva de uma lógica de trabalho que considere também o nível de satisfação dos executantes costumam ser um campo fértil para a instalação de doenças psicológicas, sobretudo o estresse.

- Faltam medidas do desempenho do trabalho realizado. É sabido que o que é medido não pode ser melhorado. No nível gerencial, não é possível ao gestor antecipar-se a possíveis tendências negativas do desempenho de sua unidade ou de seu processo. No nível do posto de trabalho, seus respectivos operadores tornam-se alienados e simples empurradores de papéis, excluindo-se qualquer possibilidade de se contar com sua visão crítica quanto ao desempenho operacional. Todo o potencial desse conhecimento é desperdiçado.

- Sistemas de controle frágeis, ou inexistentes, levam à geração de serviços de baixa qualidade. Referimo-nos aos requisitos de entrada que devem estar presentes, e ser obedecidos, ao longo de toda a cadeia de valor do processo, e aos procedimentos para os casos de não-cumprimento desses requisitos. A inexistência e a inobservância desses requisitos sempre terminam em duas situações: baixo nível de qualidade do serviço prestado e estímulo a desvios de conduta por parte de pessoas inescrupulosas.

- Escolha dos gestores sem a observância dos requisitos mínimos para o cargo. O menor prejuízo que esses gerentes impõem às suas respectivas unidades é a estagnação e o conservadorismo. Eles mal dão conta da manutenção das demandas rotineiras e sequer cogitam da introdução de qualquer melhoria. São produto de dois males que assolam a gestão pública brasileira: o fisiologismo e a crença de que administração é bom senso.

- O ciclo dos processos de prestação de serviço tende a ser longo e lento porque não existem medição, compromisso, nem competência instalada, para promover a melhoria contínua do serviço. Mais do que recursos, falta ao serviço público a mentalidade de prestador de serviços de qualidade, entendendo-se por serviço de qualidade processos otimizados, recursos adequados e postura dos funcionários que levam a organização a ser percebida pela sociedade como competente.

- As urgências, principal foco de estresse e de violação dos procedimentos estabelecidos, têm como causa principal a tolerância com a indisciplina no cumprimento daquilo que foi previamente planejado, ou com a absoluta falta de planejamento. A proliferação das pequenas etiquetas vermelhas de "urgente" na capa dos processos administrativos é a evidência mais objetiva dessa realidade. Gerentes de nível mais elevado usam de seus cargos para driblar os caminhos previamente definidos nos procedimentos estabelecidos, por reconhecê-los como morosos. Com essa atitude, contribuem para a desmoralização dos padrões estabelecidos e instauram o clima de que prioritário é aquilo solicitado por quem pode mais.

- Velhos paradigmas são aceitos como verdades perenes. O servidor não é incentivado a confrontá-los, ao contrário, a aceitação do *status quo* costuma ser considerada um atributo elogiável, estabelecendo-se uma confusão entre disciplina e subserviência. O modelo burocrático que condiciona o servidor a reagir apenas aos estímulos regimentais despersonaliza o servidor, disseminando o conformismo, entre os servidores.

- Baixo nível de investimento na capacitação dos servidores, aliado à ausência de padrões eficientes dos processos e à falta de educação para a busca constante da melhoria do desempenho, completa o quadro desafiador a ser modificado pelo modelo de gestão proposto.

São essas as principais barreiras a serem superadas por um modelo de gestão focado na melhoria do desempenho.

Necessidades a que o modelo funcional não atende

Para justificar nossa opção por um modelo de gestão orientado por processos, julgamos oportuno relacionar o conjunto de necessidades das organizações de que a abordagem funcional ora praticada pela Prefeitura não consegue dar conta:

- estímulo da cadeia cliente-fornecedor interno;
- comunicação ágil;
- autoridade para quem opera o processo;

102 Capítulo Sete

- fluxo do processo guiado pelas necessidades do cliente;
- ciclo do processo o menor possível;
- eliminação das atividades que não agregam valor; e
- pessoas conscientes da importância de seu papel na organização.

• **Solução Proposta**

Princípios norteadores do modelo

Os seguintes princípios da qualidade norteiam o modelo de gestão orientado por processos:

a. Foco no cliente-cidadão: o bem-estar e a satisfação dos munícipes devem ser o alvo central das ações da Prefeitura e, portanto, a orientação de todo o programa proposto. Esse princípio deverá permear todos os níveis da estrutura, sendo evidenciado ao longo de toda a cadeia de planejamento. O foco no cliente ficará evidenciado pelos critérios de priorização dos gastos públicos, conforme será demonstrado na ferramenta de priorização das ações de governo.

b. Orientação por processo: considerado fator crítico de sucesso na implantação do modelo de gestão proposto, tem a responsabilidade de levar o servidor a romper com o paradigma da orientação funcional. A experiência tem mostrado que há uma grande distância em entender a orientação por processo e agir orientado por processo. Reconhecer, respeitar e exercitar a cadeia cliente-fornecedor interno é um exercício que mexe com a cultura predominante no serviço público. A cadeia de valor do processo passa a se sobrepor à cadeia hierárquica, para oferecer ao cidadão o serviço por ele desejado, no menor tempo possível. O foco desloca-se da cadeia hierárquica interna para o ator principal, o cidadão. A média gerência costuma ser a trincheira em que se refugiam os principais opositores desse princípio de funcionamento. Eles têm a sensação de perda de poder porque os servidores da sua unidade passam a ter uma dupla subordinação. Funcionalmente, mantêm a mesma subordinação, porém, do ponto de vista operacional, se subordinam ao "dono" do processo, que em geral está um nível acima e pode pertencer a outra unidade administrativa. Ver o próximo processo como seu cliente e atuar direcionado pelos seus requisitos exige visão do todo e espírito de equipe. E espírito de equipe requer um certo grau de despojamento, atributo restrito às pessoas mais amadurecidas.

c. Melhoria contínua: originário do movimento da qualidade japonês, o *kaizen* ou ciclo da melhoria contínua, é um sentimento a ser desenvolvido em cada servidor que participe direta ou indiretamente da prestação do serviço. A obsessão pela melhoria contínua impõe uma maneira disciplinada de atuar na qual as quatro etapas desse ciclo precisam ser observadas. Isso vale para todos os níveis da estrutura organizacional, conforme será demonstrado adiante. O planejamento estratégico da Prefeitura é o lugar em que o conjunto de intenções que compõem o Programa de Governo do candidato será transformado em ações de governo, após submetidas a um critério de priorização que privilegie a satisfação e o bem-estar do maior número possível de munícipes. O Planejamento Estratégico de cada Secretaria, além das suas ações setoriais, incluirá, obrigatoriamente, as ações de governo afetas à sua pasta. A fase de Execução se dará segundo padrões previamente estabelecidos e alinhados com o Planejamento Estratégico, ao longo de toda a cadeia organizacional. A fase de Controle é aquela em que se caracteriza de forma mais contundente a ação gerencial: nela, os resultados obtidos por meio de indicadores são confrontados com as metas estabelecidas durante o Planejamento. Nesse momento é possível saber se a execução está produzindo os resultados esperados, tanto em nível global, da Prefeitura, quanto em nível setorial, em cada Secretaria. Dessa avaliação surgem oportunidades de melhorias que serão transformadas em ações de melhoria e/ou de inovação, para as quais serão designados seus respectivos responsáveis, prazos e recursos demandados para sua execução. Esse ciclo de planejamento, execução, controle e ação corretiva ou preventiva é chamado de ciclo PDCA, e acontecerá em todos os níveis da estrutura, desde a direção até os postos de trabalho, conforme Anexo I.

d. Decisão baseada em fatos e dados: uma das características dos projetos cujo foco está na melhoria contínua do desempenho, isto é, na busca continuada da produtividade e da qualidade, é a decisão baseada em fatos e dados, o que reduz a possibilidade dos freqüentes erros cometidos quando se decide com base exclusiva na experiência e no *feeling* de quem detém o poder de decisão.

As ferramentas a seguir serão utilizadas em determinadas fases do ciclo PDCA, para garantir a implantação do modelo proposto.

104   Capítulo Sete

Ferramentas utilizadas

O modelo de gestão proposto se consolida a partir da utilização das seguintes ferramentas de apoio à gestão:

a. Planejamento participativo: envolvendo as diversas entidades representativas da comunidade municipal e as diversas instâncias municipais, na formulação das propostas de projetos que irão constituir o orçamento do município. Será implantada a sistemática de reuniões de planejamento, as Replan, estruturas lógicas e temporárias que agregarão todas as propostas de ação voltadas para a promoção do bem-estar social, devidamente justificadas tanto por seu efeito quanto pelo alcance social esperado.

b. Matriz GUTA: ferramenta que tem por objetivo estabelecer critérios para identificar as ações que deverão compor o programa anual do governo. A Matriz GUT – Gravidade, Urgência e Tendência – foi acrescida de mais uma coluna para que seja considerado o alcance social da ação analisada.

Gravidade	Urgência	Tendência	Alcance
5 Muito alta	5 Muito alta	5 Piorar a curto prazo	5 Todo o município
4 Alta	4 Alta	4 Piorar a médio prazo	4 Maioria dos distritos
3 Regular	3 Regular	3 Piorar a longo prazo	3 Alguns distritos
2 Baixa	2 Baixa	2 Estável	2 Um único distrito
1 Muito baixa	1 Muito baixa	1 Melhorar	1 Uma categoria

Uma vez extraídas as ações da plataforma de governo ou do processo de elaboração da proposta orçamentária, o grupo composto pelo prefeito e Secretários atribuirá um peso a cada ação proposta. A multiplicação do peso atribuído a cada um dos fatores considerados (GUTA) permitirá eleger as ações consideradas de maior importância para o município.

c. Metodologia de melhoria dos processos: a ser utilizada na racionalização dos serviços oferecidos à população e que deverá estar disseminada por toda a estrutura. A aplicação da metodologia deverá ser feita segundo um processo piloto, com as seguintes finalidades:

- exercitar a aplicação da metodologia
- obter um efeito demonstração a partir da padronização e do controle do processo considerado.

No caso dessa proposta, foi sugerido que o processo piloto será o processo de aquisição de bens e serviços, considerado estratégico para a implantação da austeridade no controle das contas públicas. A metodologia utilizada na melhoria dos processos-chave terá as seguintes etapas:

Etapa	Identificação
01	Planejamento do Levantamento
02	Execução do Levantamento
03	Análise e Simplificação do Processo
04	Estabelecimento das Medidas de Desempenho
05	Padronização
06	Implantação e Ajuste

d. Painel de controle: composto por um conjunto de indicadores e metas chaves, capazes de possibilitar uma visão instantânea do desempenho setorial (de cada Secretaria) e global (da Prefeitura como um todo). O Painel de Controle é a ferramenta chave para a promoção da melhoria contínua do desempenho em todos os níveis. A cultura da medição, quando assimilada pelos gerentes, é que vai impulsionar a melhoria da qualidade dos serviços e a racionalização do uso dos recursos disponíveis. Principal instrumento de prestação de contas à sociedade local, ela será utilizada como agente motivador do corpo de servidores, uma vez que permitirá, inclusive, o reconhecimento do desempenho excepcional e do uso de critérios justos para distinguir setores e pessoas que venham a se destacar no cumprimento dos objetivos traçados pela Prefeitura. De modo resumido, os 10 passos necessários à implantação do Painel de Controle seriam:

1. Identificar as atividades macro que deverão compor o Painel de Controle da Prefeitura, considerando cada área de prestação de serviço

2. Definir os **Indicadores Globais – Ig** do Painel

3. Desdobrar os **Indicadores Globais – Ig** nos seus respectivos **Indicadores Funcionais – If**

4. Definir o responsável pela manutenção do Painel de Controle no nível da Prefeitura e seus fornecedores nas respectivas Secretarias

5. Validar a árvore de indicadores estabelecida

6. Analisar os recursos disponíveis para a operacionalização do Painel de Controle da Prefeitura

7. Definir o meio utilizado para coletar, processar e apresentar os dados no Painel de Controle

8. Montar o protótipo para testar o funcionamento do Painel de Controle

9. Escolher o tipo de gráfico mais adequado à mensagem que se deseja transmitir

10. Aperfeiçoar continuamente o protótipo até transformá-lo numa estrutura permanente, alimentada por todas as funções-chave da Prefeitura.

e. Reuniões de integração e controle: encontros sistemáticos, realizados em intervalos regulares, com o objetivo de avaliar o progresso da gestão em todos os níveis, corrigir possíveis desvios em relação ao planejamento, trocar experiências entre os diversos participantes, identificar oportunidades de melhorias, manter o alinhamento com os objetivos macro da Prefeitura e comemorar os sucessos obtidos. O produto esperado dessas reuniões é a atualização contínua do Plano de Melhorias do nível organizacional dos participantes de cada reunião.

A periodicidade das reuniões deverá ser a seguinte:

– reuniões da Prefeitura: trimestrais, com a participação do Prefeito, secretários e assessores de primeiro nível;

– reuniões das Secretarias: mensais, com a participação do secretário e dos gerentes diretamente subordinados a ele;

– reuniões das Unidades Operacionais – UOp: semanais, com a participação dos gerentes e dos executantes dos processos de prestação do serviço considerado.

f. Aplicação das Ferramentas durante as diversas fases do PDCA.

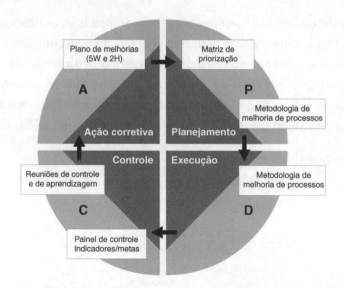

Matriz de Priorização – usada durante a Etapa de Planejamento, com o objetivo de alinhar as ações de governo às maiores necessidades dos munícipes.

Metodologia de Melhoria de Processo – aparece representada nas duas etapas, Planejamento e Execução: durante o Planejamento por ser o momento da definição do modo (padrão) adotado na prestação dos serviços, e durante a Execução porque o padrão estabelecido serve de documento de referência para o treinamento dos operadores do padrão. O conhecimento mínimo da Metodologia de Melhoria de Processos contribui de modo decisivo para aguçar o senso crítico do servidor quanto à lógica do seu trabalho e como propor melhorias.

Painel de Controle – é a ferramenta-chave para o êxito da Etapa de Controle. Ao registrar os números que traduzem os resultados da Execução e permitir analisar sua tendência, o Painel contribui para que as decisões sejam baseadas em fatos e dados.

Reuniões de Controle e Aprendizagem – são a materialização da gestão, porque só através das medidas é possível aperfeiçoar alguma coisa. Sem medida não há como estabelecer parâmetros que respondam aos líderes se a direção está correta e a velocidade de cruzeiro adequada da viagem até os objetivos traçados.

Plano de Melhorias – é o documento que consolida a última Etapa do ciclo de melhoria contínua, a Etapa de Ação Corretiva e/ou Preventiva. O Plano de Melhoria deve responder às questões formuladas pela sigla 5W2H: *o quê, quem, quando, onde, como, por quê* e *quanto custa*. O Plano de Melhoria é que irá realimentar o novo ciclo de planejamento, podendo alterar prioridades anteriormente estabelecidas ou introduzir correções de rumo no planejamento em execução. No caso de alteração de prioridades, as novas ações propostas deverão ser submetidas aos mesmos critérios utilizados para a definição do Planejamento inicial, ou seja, a Matriz GUTA.

- **Arquitetura do Modelo Proposto**

O modelo proposto está alicerçado em três pilares, conforme representado na figura a seguir:

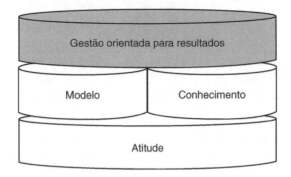

Modelo

É a estrutura lógica, segundo a qual se buscará tornar mais eficiente e didática a execução das atividades derivadas do planejamento estratégico da Prefeitura. O foco desse modelo é a conquista continuada de patamares de desempenho cada vez mais elevados, daí sua sobreposição ao Ciclo da Melhoria Contínua, ou Ciclo PDCA. Essa lógica de trabalho deverá ser comum aos diversos níveis da estrutura organizacional porque oferece ao gestor a facilidade da visão dual: manutenção (atividades rotineiras) e desenvolvimento (atividades de melhoria e de inovação).

Assim, o modelo de funcionamento operacional em todas as instâncias deverá contemplar quatro funções administrativas chaves: planejamento, execução conforme o planejado, controle dos resultados da execução e ação corretiva e/ou preventiva sempre que necessário.

Conhecimento

Já se afirmou, com propriedade, que "nenhuma organização pode ser melhor do que as pessoas que nela trabalham". Portanto, o resultado obtido a partir do modelo proposto guardará sempre uma relação direta com o grau de competência instalado na Prefeitura. Não há motivo para esperar qualidade no atendimento realizado por servidores que não foram adequadamente capacitados para o exercício de seus respectivos postos de trabalho. Como afirmou Jan Carlson, "um indivíduo sem informações não pode assumir responsabilidades; um indivíduo que recebeu informações não pode deixar de assumir responsabilidades". De ninguém deve ser cobrado o aprendizado do "como" sem que antes se explique o "porquê". O programa de capacitação dos servidores deverá contemplar o conjunto de conceitos que dão sustentação à gestão de processos, essência desta proposta. Além disso, há que se mostrar os benefícios coletivos e individuais desse aprendizado. Esse é o primeiro ato de valorização dos servidores, que terão a responsabilidade de executar e melhorar continuamente os processos de prestação de serviço no município.

Atitude

Desconhecemos alguma situação em que se tenha conquistado uma forte mudança cultural sem a presença marcante do líder. Ela se faz necessária, sobretudo, para reafirmar, nos momentos de dúvida, a certeza da conquista do objetivo futuro. A postura do líder da organização é fator crítico de sucesso nesse tipo de jornada. Firmeza de atitude, declaração e vivência de valores éticos são a melhor forma de contagiar e cooptar os liderados para o projeto, além de quebrar a resistência dos conformistas e dos que, veladamente, se opõem à evolução do novo modelo a ser implementado.

• Implantação

A Fase de Implantação prevê atividades a serem desenvolvidas em dois momentos: antes da posse do candidato eleito e durante o seu primeiro ano de mandato. Em linhas gerais, essas ações seriam as seguintes:

- Atividades anteriores à posse do novo Prefeito – são ações que terão como público-alvo e atores os membros da equipe de transição e outras pessoas que deverão ocupar funções executivas e consultivas durante o início do próximo mandato:

110 Capítulo Sete

- criar um núcleo de transição para inteirar-se da situação atual do município, no tocante aos recursos disponíveis (finanças, pessoal, tecnologia etc.) e aos principais desafios a serem enfrentados no primeiro ano de governo;
- dotar os membros da equipe de transição da visão geral da gestão baseada em processos e dos seus benefícios para a Prefeitura;
- traduzir as promessas de campanha em ações exeqüíveis e confrontá-las com a Proposta Orçamentária encaminhada à Câmara de Vereadores, ou com a Lei Orçamentária Anual, no caso de a Proposta já ter sido aprovada. Fazer esse estudo guiado pelos critérios da Matriz GUTA;
- estabelecer o direcionamento da Prefeitura, incluindo a definição dos valores que deverão permear todas as relações internas e externas da máquina administrativa, a revisão do modelo de funcionamento da estrutura organizacional e a estratégia para busca e consolidação das parcerias necessárias à maximização da realização das propostas do Programa de Governo.

No caso em questão, o modelo organizacional proposto foi o do tipo *holding*, dada a diversidade da natureza dos serviços prestados. Outro ponto levantado para discussão nesse momento será a forma de descentralização do poder para atender, com mais eficiência e conforto para os munícipes, os sete distritos situados fora da sede do governo.

- Atividades posteriores à posse do novo Prefeito – são ações direcionadas à implantação do modelo de gestão baseado em processos e focado na melhoria contínua do desempenho. As ações essenciais seriam:
  - instituir e capacitar um Núcleo da Qualidade, com o objetivo de acompanhar e facilitar o desempenho das Secretarias no tocante à execução e ao controle de suas atividades;
  - capacitar os gerentes no uso da Metodologia de Melhoria de Processos, a fim de desenvolver a cultura da melhoria contínua ao longo de toda a cadeia de comando. A figura a seguir representa a lógica de trabalho esperada dos gestores municipais em todos os processos de prestação de serviço:

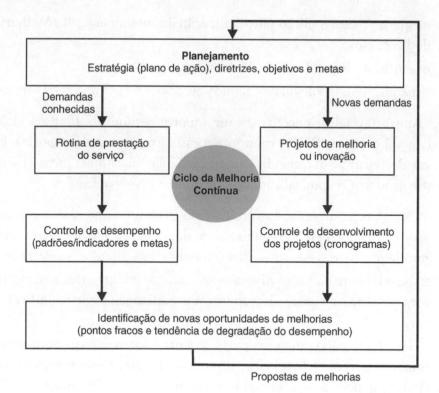

A aplicação dessa forma de operação se dará em todos os níveis organizacionais;

- levantar a situação atual dos serviços considerados críticos em cada Secretaria. Considerar volume de serviço por unidade de tempo, recursos disponíveis, tempo médio de atendimento (se possível), principais queixas (clientes e servidores);
- definir medidas de desempenho para os serviços visando forçar o início das medições e identificar questões agudas de falta de capacidade para exercer o mínimo de controle sobre os serviços prestados;
- implantar a sistemática de Reuniões de Controle e Aprendizagem para criar um fórum de discussão sobre problemas e soluções que estejam afetando a melhoria da qualidade e do desempenho dos processos de prestação dos serviços municipais;
- desenhar a versão zero do Painel de Controle da Prefeitura e dos serviços essenciais à população;
- estabelecer um Plano de Ação para as Secretarias alinhado com o Plano de Governo;

- eleger o processo piloto para aplicação da metodologia de Melhoria de Processos;
- executar a Metodologia de Melhoria de Processos;
- expandir a Metodologia aos demais processos de prestação de serviço.

No Anexo I, o leitor encontrará um quadro-resumo contendo a visão geral da aplicação do PDCA referente a cada um dos níveis organizacionais da Prefeitura em questão. Nesse caso, consideramos, para fins de estruturação das responsabilidades, os quatro níveis a seguir:

- 1º Nível, o da direção, é exercido pelo Prefeito, e, no caso das decisões colegiadas, ele agregaria, além desse executivo, os secretários municipais e os assessores diretamente subordinados ao Prefeito.
- 2º Nível, ocupado pelos diversos secretários encarregados das diferentes pastas próprias da estrutura organizacional de cada Prefeitura.
- 3º Nível, ocupado em geral pelos gerentes operacionais, aqui denominados gerentes de serviço, em função da orientação por processo. A abrangência de sua autoridade quando no exercício dessa função pode e costuma alcançar servidores funcionalmente subordinados a outras chefias. O gerente de serviço responde pelos resultados do serviço sob sua responsabilidade.
- 4º Nível, o nível da execução dos procedimentos que compõem o padrão do serviço. Eles costumam ser identificados pelos postos de trabalho que ocupam. São os responsáveis por fazer o processo de prestação de serviço acontecer. De seu desempenho depende a imagem que o público formará a respeito da Instituição prestadora do serviço.

Por que acreditamos no sucesso do Modelo de Gestão proposto

Dentre os vários aspectos que contribuem para o êxito das práticas propostas destacaremos apenas os seguintes, relacionados aos conceitos pertinentes à gestão de processos:

- O foco dos serviços passa a ser direcionado para o cliente, quando traduzimos suas expectativas em requisitos a serem atendidos. Nesse momento revemos a burocracia estatal depois de rever o atendimento às exigências do cliente.

Aplicação – Exemplos Concretos   **113**

- O estabelecimento de requisitos de entrada ao longo de toda a cadeia de produção do serviço garante a qualidade do serviço entregue ao cliente reduzindo a quantidade de processos paralisados por falta ou incorreção das informações (insumos) necessárias ao seu processamento.
- A orientação por processo pressupõe a otimização dos procedimentos e, em conseqüência, a eliminação das atividades que não agregam valor à cadeia de produção do serviço.
- Ainda como conseqüência do item anterior, há uma redução espontânea do tempo de ciclo do processo, em função da redução das atividades e até dos postos de trabalho que integram a prestação do serviço.
- Aumenta o nível de integração da organização sempre que se exercita a cadeia cliente-fornecedor interno, o que também costuma reduzir os atritos pessoais, porque os operadores passam a compreender os requisitos do posto de trabalho seguinte.
- A padronização estabelece uma linguagem única tanto para o público interno quanto para o público externo, além de refletir a melhor maneira de se executar determinado serviço naquele momento.
- A cultura da medição permite identificar desvios de percurso, adotar uma postura proativa diante de resultados com tendências declinantes e estabelecer metas que conduzam a patamares de desempenho jamais alcançados.
- As reuniões de controle e aprendizagem são uma poderosa ferramenta de integração e de manutenção da convergência de esforços para os objetivos globais que derivam do Programa de Governo.

Foi com essa crença que desenvolvemos o projeto aqui apresentado, sem o devido detalhamento. Motivado por essa crença, aguardamos com ansiedade a hora de transformar essa proposta de gestão num instrumento promotor do bem-estar social e da satisfação dos munícipes com os serviços públicos providos pela Prefeitura.

Anexo I : Ciclo PDCA Aplicado aos Diversos Níveis Organizacionais da Prefeitura

Nível	Planejamento	Execução	Controle	Ação corret/prev.
Prefeitura	– Planejamento estratégico e proposta orçamentária da Prefeitura – Diretrizes gerais, guiadas pela busca do equilíbrio fiscal – Objetivos e metas globais – Distribuição de recursos	– Busca de novas fontes de recursos – Estabelecimento de parcerias estratégicas – Articulação política junto à Câmara de Vereadores	– Reunião de controle e aprendizagem, baseada no painel de controle (indicadores e metas globais) da Prefeitura	Atualização do plano de melhorias do desempenho global em relação ao programa de governo
Secretarias	– Planejamento estratégico e proposta orçamentária da Secretaria – Diretrizes, objetivos e metas setoriais – Aprovação do plano de melhorias da Secretaria – Aprovação dos padrões dos serviços da Secretaria	– Garantia dos recursos necessários à prestação do serviço – Manutenção do equilíbrio dos gastos da Secretaria	– Reunião de controle e aprendizagem, baseada no painel de controle (indicadores e metas) dos processos da Secretaria	Atualização do plano de melhorias do desempenho dos serviços da Secretaria
Gerências de serviço	– Objetivos e metas do serviço a executar – Plano de melhoria do serviço – Plano de capacitação dos servidores – Definição do padrão da prestação do serviço – Provisão dos recursos nec.	– Capacitação dos servidores no padrão estabelecido visando nivelar o desempenho de todos os postos de trabalho do processo – Monitoramento das interfaces dos postos de trabalho do processo – Estímulo às inovações e melhorias	– Reunião de controle e aprendizagem, baseada no painel de controle (indicadores e metas) do processo de prestação de serviço – Acompanhamento do desempenho da equipe – Tratamento das não-conformidades	Atualização do plano de melhorias do desempenho do Processo de Prestação do serviço de sua gerência
Postos de trabalho	– Revisão crítica dos procedimentos, indicador(es) e meta de desempenho do posto de trabalho	– Operação conforme padrão estabelecido – Registro da operação e das não-conformidades	– Cumprimento dos requisitos de entrada e de saída do posto de trabalho – Autocontrole do desempenho do posto de trabalho	Correção das eventuais não-conformidades apontadas em relação ao seu posto de trabalho

CONCLUSÃO

Durante estas últimas duas décadas em que estivemos envolvidos com a busca de melhores resultados da racionalização administrativa, assistimos ao apogeu e ao ocaso de diversas propostas de solução, que, paradoxalmente, seduziam por sua maior fragilidade. Refiro-me à visão reducionista da questão dos ganhos de produtividade, em que estão envolvidas variáveis de três dimensões críticas: técnicas, culturais e políticas.

No vácuo de soluções vendidas como miraculosas, algumas consultorias ganharam mercado internacional, algumas vezes em cima de *best sellers* produzidos mais como uma peça de marketing do que pela força do seu conteúdo. As muitas histórias de insucesso fruto do "oba oba" da revolução apregoada pela reengenharia ilustra essa afirmação.

Recordo-me do surgimento da microinformática. Fabricantes de equipamentos anunciavam o início da era do escritório sem papel para vender máquinas dotadas do poder milagroso de, sozinhas, darem conta da burocracia, como se o problema estivesse no seu efeito, a geração irracional de documentos que nunca deveriam ter sido gerados. As miniaturas de "cérebro eletrônico" seduziram e deram grandes prejuízos a quem acreditou nessa lenda.

Participei, na época, do levantamento para entender o porquê do crescimento acelerado dos arquivos de papel em minha empresa, ao mesmo tempo que ela investia pesado na expansão de sua rede interna de microcomputadores. O resultado foi surpreendente. Cerca de oitenta toneladas de papel estavam sendo consumidas por ano só no edifício sede. Considerando que o processo de descarte era muitas vezes negligenciado, concluiu-se que, mantido aquele volume de consumo, o prédio corria o risco de desabar, sob o peso de sua própria burocracia.

A introdução dos micros, em processos fracos, só fez e faz aumentar o número de relatórios inúteis, muitas vezes emitidos em várias vias, sem qualquer critério dado a facilidade de sua geração. É o ritmo frenético da bobagem eletrônica. Nestes casos existe até um benefício social porque favorecem as ONGs dos catadores que alimentam a indústria de reciclagem do lixo.

O estrago sofrido pelas organizações naqueles primeiros anos da proliferação da microinformática foi muito além do caixa, pois poluiu ainda mais o fluxo de informações, com uma sobrecarga de informações inúteis.

116 Capítulo Sete

Muitos gerentes comemoraram a saída da fila do CPD que priorizava apenas os grandes sistemas corporativos, faturamento, contabilidade e folha de pagamento, entre outros. O preço pago foi a proliferação das aplicações setoriais, descoladas do contexto e sem nenhuma preocupação com a integração das informações. O chavão "o sistema não aceita" logo se espalhou pela sociedade para desespero dos clientes dessas organizações desarticuladas. Mudou a tecnologia, porém não mudou a abordagem compartimentada dos processos. A visão departamental resistiu e ainda resiste, embora hoje já em menor escala. Com a extinção dos órgãos de O&M, motivada em parte pela incompetência e acomodação daqueles profissionais, as organizações deixaram de pensar no seu arcabouço organizacional e nos métodos de trabalho que determinam a forma com que elas cumprem sua missão. Não é possível melhorar a vida das pessoas que habitam residências malprojetadas e malconstruídas trocando ventilador por ar-condicionado.

A busca dos ganhos de produtividade e de qualidade tem gerado uma proliferação de novas idéias na tentativa de manter a competitividade e melhorar a imagem da organização junto à sociedade. Quando absorvidas apenas com a ilusão de que serão capazes de reproduzir em qualquer outro ambiente os resultados que produziram no ambiente onde foram concebidas, corre-se o risco de se matar pela cura ou inadequação do remédio aplicado.

Com o movimento da qualidade não foi diferente. A radicalização da afirmativa de que "o cliente é o rei", quando levada ao extremo por alguns teóricos, fez algumas organizações imaginarem que ao rei se deve dar tudo, até com risco do desequilíbrio financeiro.

Neste livro evitamos os conceitos e práticas que não pudemos verificar, na realidade em empresas nacionais e multinacionais, públicas e privadas. Pensar nos benefícios que um modelo qualquer possa trazer para uma organização, sem considerar os ganhos trazidos para as pessoas que irão executá-lo, tem se revelado um caminho seguro para o insucesso. Por isso listamos a seguir alguns benefícios que verificamos, em decorrência da incorporação total ou parcial desses conceitos e práticas aqui relacionados.

a. Para a organização que atua segundo um modelo de gestão de processo focado em resultado, adquire a competência necessária para cumprir o dever ético de oferecer à sociedade seu melhor produto (bem ou serviço), de maneira responsável e a um preço justo. O que torna possível esse ideal é a certeza de estar fazendo mais com menos, o que implica:

– trabalhar de modo planejado e preventivo;
– exercitar disciplina de execução;
– controlar o processo, de modo a tornar seus resultados cada vez mais previsíveis, isso inclui procedimentos padronizados, indicadores e metas;
– agir corretiva e preventivamente sempre que constatado necessário, garantindo a qualidade das atividades que compõem a cadeia de valor do processo.

b. *Para as pessoas* que trabalham nas organizações *que praticam o modelo proposto,* os principais benefícios seriam:

– tomada de consciência da importância do seu papel na organização;
– alargamento das atribuições individuais pela participação ativa no controle das entradas de seu posto de trabalho;
– participação no programa continuado de melhorias pela introdução da prática de tratamento das não-conformidades;
– acompanhamento dos resultados globais e setoriais do processo;
– conhecimento das expectativas da organização sobre seu trabalho (indicadores e metas);
– absorção de conceitos da qualidade de aplicação no seu ambiente doméstico.

Por fim, também vejo benefícios explícitos para a nossa sociedade no caso da incorporação do modelo proposto, sobretudo nos processos que levam à elaboração das propostas orçamentárias pelas empresas públicas, que estariam dessa forma contribuindo para a melhoria da qualidade do gasto público.

Recordemos os elementos que compõem a representação gráfica de um processo, considerando a Figura 7.6.

A questão dos freqüentes escândalos envolvendo os cofres públicos é facilitada pela falta de um dos elementos-chave da gestão, leia-se, controle dos processos. A simples fixação e observância dos requisitos de entrada do processo de elaboração da Proposta Orçamentária, por si sós

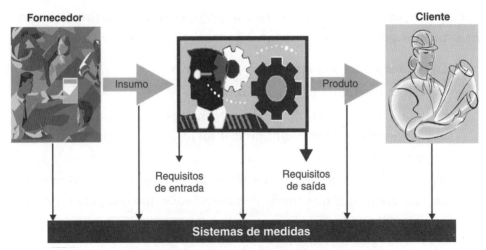

FIGURA 7.6 Elementos que caracterizam o processo

eliminariam a inclusão na lei orçamentária de tantos itens que nada têm a ver com o interesse da nação. Bastaria portanto que cada Ministério, ao iniciar, internamente, a sua Proposta Orçamentária, o fizesse somente após ter fixado os requisitos técnicos, políticos e econômicos que devem ser observados em cada item da proposta orçamentária.

Uma vez amplamente divulgado, no âmbito da Autarquia, do Ministério ao qual ela se subordina e depois no âmbito do Congresso Nacional, estariam definidas as regras mínimas (requisitos) para a introdução de emendas parlamentares ao orçamento.

Sem a prévia definição de requisitos de entrada, leia-se, de um padrão de processo controlado, não há amparo para filtrar a qualidade e nem a pertinência das propostas de inclusão no orçamento, nem no Congresso, nem dentro dos próprios Ministérios. Os benefícios dessa prática seriam:

- redução da pressão de parlamentares sobre os órgãos executores da Proposta Orçamentária, dando maior tranqüilidade ao servidor para fazer certo a coisa certa;
- redução do tempo de ciclo dos processos de licitação, porque todas as solicitações de elaboração de editais não estariam em desacordo com os preceitos legais vigentes;
- facilitar o trabalho das auditorias do TCU, porque reduziria o número de licitações contendo impropriedades;

- o parlamentar teria aumentada sua chance de ver atendidos os anseios de sua base eleitoral, sempre que propuser uma emenda ao orçamento;
- o Congresso nacional não teria sua imagem arranhada por situações que denotam a absoluta falta de controle sobre as emendas parlamentares.

Ao implantar essa prática, ganhariam a sociedade, o governo, os parlamentares e os servidores, porque estaríamos criando mais um instrumento de contenção do desvio de conduta.

Esse raciocínio vale para qualquer outro processo da máquina estatal. Por exemplo, se aplicado ao processo de contratação de pessoal terceirizado, os pré-requisitos evitariam a indicação e o aproveitamento de tantas pessoas desqualificadas para complementar o quadro dos servidores. Haveria, por certo, ganhos de produtividade e redução do desperdício dos gastos com pessoal.

Um recente relatório do BID sobre a situação da saúde no país sugeria que os principais males que afetam o setor advêm da falta de um modelo de gestão mais eficiente. Pertencem a essa categoria de problemas os seguintes, que poderiam ser superados com a adoção de alguns princípios e práticas sugeridos no modelo de gestão de processos proposto:

- A falta de integração dos processos de planejamento e do orçamento, em nível de governo.

  Comentário: essa constatação mostra com clareza os problemas decorrentes do modelo de gestão baseado na visão vertical ou funcional. No modelo vigente, essas duas funções comportam-se como dois silos, enquanto na visão de processos, por serem atividades da mesma cadeia de agregação de valor, seriam analisadas segundo a sua complementaridade e a relação de causa e efeito que existe entre elas.

- O formalismo e a inflexibilidade na execução orçamentária, na legislação trabalhista e na administração de recursos.

  Comentário: o formalismo exacerbado é fruto de uma cultura burocrática que submete o administrador público à produção de documentos cujo conteúdo não agrega nenhum valor ao produto final, apenas servem a um ritual alienante.

A burocracia irracional, o gigantismo da máquina pública, aliados à falta de visão integrada de suas macrofunções, são as principais causas da inflexibilidade na execução orçamentária. Aqui estão presentes questões referentes às três dimensões da burocracia, organizacional, técnica e humana, conforme abordado no Capítulo 2.

- A falta de autonomia administrativa.

Comentário: a falta de autonomia administrativa encontra sustentação nesse modelo vigente na burocracia interna e não no cliente. A burocracia instala seu quartel-general nos órgãos centrais, inacessíveis à pressão dos clientes. A mudança do foco para o cidadão embutida na orientação por processo traz consigo uma inevitável pressão por ganhos de autonomia, agilização e adequação do atendimento às demandas dos clientes com os quais mantém contato direto.

São muitos os benefícios derivados da aplicação de uma metodologia de gestão, inspirada pela crença de que as organizações vivem de resultados. Os resultados são fruto do desempenho dos processos, mas são as pessoas que trabalham na organização que fazem os processos acontecerem.

Planejamento realista, orientando pela visão de futuro, execução fiel ao que foi planejado, controle efetivo dos resultados da execução e presteza na tomada de decisão são atitudes determinantes daquela que foi a motivação maior desse livro: **colaborar na construção de ambientes de trabalho mais humanizados e produtivos**.

APÊNDICE

Técnicas de Levantamento, Análise e Padronização de Processos

A metodologia aqui apresentada é de autoria da ACOS Gestão Empresarial e possui dois grandes objetivos:

a. otimizar e padronizar o processo; e

b. estabelecer medidas que permitam a melhoria contínua do processo.

A Metodologia compreende as seguintes etapas:

Etapa 1: Planejamento do levantamento

Etapa 2: Execução do levantamento

Etapa 3: Análise e simplificação do processo

Etapa 4: Estabelecimento das medidas do processo

Etapa 5: Padronização do processo

Etapa 6: Implantação e ajustes do padrão estabelecido

Discorreremos agora sobre cada uma das etapas da metodologia

▪ Etapa 1: Planejamento do Levantamento

1.1 Estudo preliminar

O planejamento do levantamento tem início com o estudo preliminar que é o momento de ambientação com o processo a ser estudado. Nessa hora, obtém-se a documentação vigente (normas e legislação que afetam o processo), visando, se possível, um conhecimento prévio sobre o produto do processo, as funções internas que concorrem para a elaboração do produto (macrofluxo do processo), unidades organizacionais envolvidas, perfil do pessoal envolvido e responsável pelo processo.

Um roteiro, previamente elaborado, deve direcionar as entrevistas preliminares com pessoas que gerenciam, operam e são clientes do processo. O objetivo é obter uma percepção quanto ao nível de maturidade do modelo de gerenciamento praticado naquele processo.

Medidas de desempenho, requisitos de entrada e saída, freqüência de atualização do padrão, disponibilidade de recursos de TI, perfil e quantidade dos recursos humanos e organização e limpeza do ambiente são itens importantes nesse levantamento preliminar.

1.2 Elaboração do *check list* do entrevistador

O *check-list* funciona como um apoio durante o levantamento, a fim de que questões relevantes para a análise crítica posterior não passem despercebidas ao entrevistador.

Da fidelidade e completude das informações obtidas durante a fase de levantamento depende o êxito da solução a ser proposta. Ao término do levantamento, deverão estar respondidas no mínimo as seguintes questões:

a. Existem restrições legais e/ou normativas do processo?

b. Quais as especificações do serviço gerado pelo processo?

c. Quem são os clientes do processo?

d. Quais são os requisitos de saída (requisitos dos clientes)?

e. Quais são os requisitos de entrada (da unidade considerada)?

f. Quem são os fornecedores do processo?

g. Qual a sistemática de controle utilizada?

O que verificar na entrada do processo

* Quais os requisitos para o recebimento dos insumos?
* Como eles estão documentados e divulgados?
* Como são controlados produtos fornecidos pelos clientes?
* Como são tratadas as não-conformidades durante o recebimento?

O que verificar durante o processamento

- Quais os requisitos internos (entre postos de trabalho críticos)?
- Como eles estão documentados e divulgados?
- Como são tratadas as não-conformidades?
- Como o processo pode ser rastreado?
- Como são organizados os registros das diversas operações do processo?

O que verificar na saída do processo

- Os requisitos de saída estão documentados e divulgados?
- Existem indicadores baseados no cumprimento desses requisitos?

1.3 Escolha do método a ser usado no levantamento

A precisão e a completude do levantamento da situação atual são fatores críticos de sucesso para a posterior análise e simplificação do processo. A escolha do método de levantamento influencia a qualidade do produto final dessa etapa. Todos os métodos apresentam algum tipo de restrição que deverá ser considerada por ocasião do planejamento do levantamento. Seguem alguns comentários julgados úteis na tomada desse tipo de decisão:

a. O *exame das normas e da legislação vigentes* e que têm reflexos sobre o processo estudado. Vale lembrar que devemos usar o exame das normas vigentes apenas como ambientação para o levantamento. Cuidados a serem observados na análise da documentação vigente:

- costumam ignorar a organização informal, muitas vezes predominante no dia-a-dia da organização.
- organizações que não possuem uma sistemática de atualização e controle da documentação costumam conviver com normas e procedimentos desatualizados.
- as normas vigentes podem não conter o nível de detalhamento necessário para o cumprimento de determinada tarefa. Isso pode resultar em que a mesma tarefa seja realizada segundo dois ou mais padrões de execução.

b. *Uso de questionários.* A falta de objetividade de algumas pessoas, o formalismo próprio dos questionamentos feitos por escrito, a heterogeneidade no grau de detalhes das respostas são algumas limi-

124 Apêndice

tações que sugerem que o uso dos questionários se restinja apenas aos casos em que o custo dos deslocamentos tornar proibitivas as entrevistas.

c. As *entrevistas* possuem também suas armadilhas. Existe sempre a possibilidade de tanto gerentes quanto operadores assumirem uma postura defensiva, omitindo falhas e oferecendo um nível insuficiente de detalhes, temendo pelas conseqüências de suas declarações. Embora a reunião de um grupo de pessoas possa minimizar essa deficiência, a condução desse tipo de reunião exige certa experiência, sobretudo quando as pessoas não estão habituadas a expor suas visões conflitantes.

d. A *observação direta*, uma técnica bastante utilizada sobretudo em fábricas, tem o inconveniente de consumir mais tempo, e nem sempre existe essa possibilidade, por questões de custo, segurança etc.

1.4 Boas práticas durante a entrevista

A experiência mostra que muitos fracassam na tarefa de fazer um levantamento, porque ignoram atitudes e práticas tais como:

a. manter uma postura que não seja nem de subserviência nem de arrogância, para estabelecer um clima favorável para a realização do trabalho;

b. estar disposto a ouvir, intervindo apenas para manter o foco no assunto tratado;

c. usar o pensamento exploratório, para não concluir com precipitação e de modo equivocado. Vale lembrar que o processo de pensar envolve emoções e conhecimentos, e que a tendência da mente é procurar reconhecer e identificar o mais depressa possível;

d. registrar evidências (fatos) e não inferências (opiniões); e

e. utilizar as perguntas básicas para levantar fatos: *O que é feito? Por que é feito? Como é feito? Quem é o responsável pela execução? Quando é feito? Onde? Quanto custa? Quais as dificuldades atuais?*

■ Etapa 2: Execução do Levantamento

2.1 Entrevista

Em casos em que o levantamento será realizado por meio através de entrevistas, devem ser observados os seguintes procedimentos:

1. *coletar* todos os *formulários* utilizados no processo;
2. *obter cópia* das telas usadas, quando não houver documentação das aplicações em computador que dão suporte ao processo;
3. *registrar* apenas o essencial, distinguindo fatos e opiniões;
4. *registrar* em separado as críticas e sugestões;
5. *validar* o levantamento junto aos entrevistados, corrigindo possíveis falhas de compreensão do entrevistador;
6. *organizar* o produto da entrevista, do qual devem constar: as folhas de entrevista, a cópia dos formulários e/ou das telas recolhidos, legislação e normas pertinentes e folhas contendo críticas dos entrevistados ao processo atual e suas sugestões de melhorias.

O levantamento deve dar origem ao fluxograma do processo.

2.2 Elaboração do fluxograma do processo

Consiste na representação gráfica do fluxo de informações coletado durante a etapa de levantamento. Modelos de fluxograma estão bastante difundidos no nosso cotidiano, sobretudo nos manuais de instruções que os fabricantes de todos os segmentos industriais costumam disponibilizar no ato da aquisição de seus produtos. O fluxograma é a ferramenta mais utilizada na análise crítica de processos, porque oferece a facilidade de visualização do fluxo de trabalho, e, em face de sua ampla divulgação, constitui-se num poderoso instrumento de comunicação. Os principais símbolos mais utilizados são os relacionados a seguir:

Simbologia	Significado	Aplicação
	Início ou Fim	Identificação dos pontos inicial e final do processo
	Operação	Identificação de uma atividade, uma tarefa ou um passo, em função do nível de abordagem do processo
	Decisão	Identifica que uma decisão deve ser tomada
Informação cadastral	**Linha de Fluxo**	Significa transporte. Define o sentido normal do fluxo de trabalho, i.e., da esquerda para a direita e de cima para baixo. Usa-se a ponta da seta sempre que esse sentido for contrariado. É usual identificar a linha com o conteúdo daquilo que está sendo transportado (informação ou material)

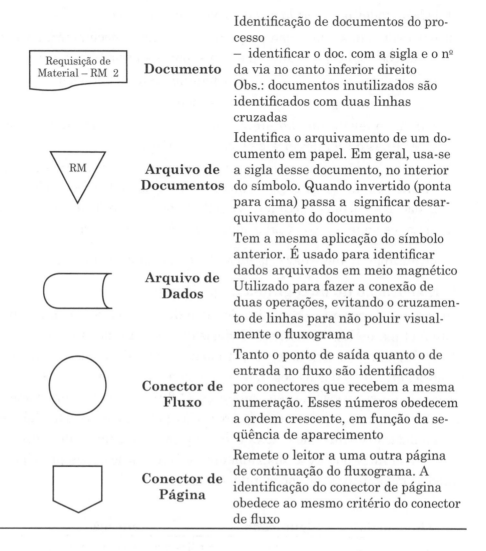

Existem dois tipos de fluxograma: o vertical e o horizontal. No fluxograma vertical, as operações são apresentadas seqüencialmente de cima para baixo, na ordem em que são executadas. Esse tipo de fluxograma é útil em processos com poucas operações e quando existe um único executante. No caso da análise de processos, o fluxograma horizontal é o mais recomendado, porque:

a. permite uma visão mais ampla do processo;
b. define com clareza as responsabilidades;

c. mostra visualmente a distribuição da carga de trabalho entre os executantes;

d. facilita a crítica da lógica do fluxo de trabalho representado.

Na Figura A.1, vê-se um exemplo de *fluxograma horizontal* de uma rotina de aprovação de crédito.

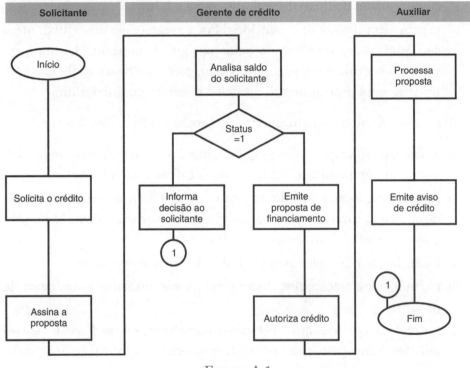

FIGURA A.1

Ao desenhar o fluxograma, convém que sejam observadas as seguintes regras:

1. preservar o sentido natural do fluxo, isto é, de cima para baixo e da esquerda para a direita;
2. buscar a melhor estética do desenho, evitando o cruzamento de linhas, alinhando os símbolos em direção e altura e mantendo o mesmo padrão para a entrada e saída das linhas nos símbolos, preferencialmente entrando pela parte superior e saindo pela parte inferior.

128   Apêndice

Ao representar processos complexos, com múltiplas decisões, observar as seguintes regras:

1. não se prender à estética na versão zero do fluxograma;
2. preservar para as decisões (sim e não) sempre o mesmo sentido. Se a opção na primeira decisão foi colocar a decisão positiva à direita, manter todas as opções afirmativas à direita. Essa regra facilita a compreensão do fluxo de trabalho para o leitor;
3. esgotar um desses dois sentidos. Por exemplo, seguir o fluxo até o seu final, sempre orientado pelas opções afirmativas. Ao final, inverter o sentido e vir esgotando as opções que ficaram abertas. Na prática, esse procedimento agiliza o desenho do fluxograma.

O produto final do levantamento do processo atual deve conter:

a. o macrofluxo do processo mapeado para prestar informação às pessoas que não precisam conhecer os detalhes operacionais;
b. fluxograma horizontal do processo, detalhando as responsabilidades de cada um dos atores envolvidos na operacionalização do processo e validado com cada um deles;
c. formulários e/ou telas manipulados durante a operação;
d. normas e legislação que, de alguma forma, interfiram na lógica do processo;
e. críticas e sugestões que devem permanecer de posse do responsável pelo levantamento, para consulta posterior e otimização dos procedimentos.

A representação gráfica do processo tem por objetivo facilitar a sua análise crítica, visando sua simplificação.

■ Etapa 3: Análise e Simplificação do Processo

Simplificar um processo é encontrar a melhor maneira de realizar um trabalho, considerando o conjunto de limitações envolvidas, sejam essas limitações legais ou de recursos de qualquer espécie. Na prática, buscamos definir o que possa ser um bom processo entendido como tal (aquele que faz tudo o que é necessário ser feito e não faz nada que seja desnecessário fazer). Basicamente, considerada a tecnologia disponível, a simplificação deve questionar dois pontos:

1. Todas as operações representadas no fluxograma agregam valor ao produto final? Para responder essa pergunta, é preciso considerar os requisitos do produto.

2. A seqüência das operações é a melhor possível?

Em outras palavras, precisamos nos certificar de que estamos fazendo bem-feito aquilo que tem de ser feito. Lembrando sempre que a questão mais simples é fazer bem-feito, bastando para tanto, que se tenha um padrão que reflita a melhor maneira de se realizar a tarefa. Existe, contudo, uma questão mais delicada que é saber se o que está sendo feito é o que realmente deve ser feito.

Equívocos nessas horas são a certeza de desperdício de recursos e de tempo para produzir algo que não agrega nenhum valor ao produto final. Na iniciativa privada, isso leva à perda de competitividade e a grandes prejuízos financeiros; no setor público, arranha a imagem da organização, que passa ser vista como esclerosada e que não considera as necessidades e as expectativas do cidadão em relação ao serviço prestado.

■ Etapa 4: Estabelecimento das Medidas do Processo

A qualidade do sistema de medidas estabelecido irá influenciar diretamente a qualidade da gestão do processo. As medidas devem ser de dois níveis:

- Medidas de **processo:** são medidas finais obtidas em relação ao produto do processo. Elas relatam o desempenho do processo como um todo. São exemplos de medidas de processo o volume de produção do processo, o tempo de ciclo, o custo de produção, a freqüência do retrabalho etc. O movimento japonês pela qualidade chamava essas medidas de itens de controle.

- Medidas de **trabalho:** são medidas intermediárias, obtidas sobre o produto dos diversos postos de trabalho. Elas são críticas porque medem as interfaces entre os postos de trabalho. O movimento japonês pela qualidade chamava essas medidas de itens de verificação.

Graficamente, essas medidas podem ser representadas como na Figura A.2. As medidas são estabelecidas a partir da obtenção do fluxo otimizado do processo. Então temos algo como o representado na figura.

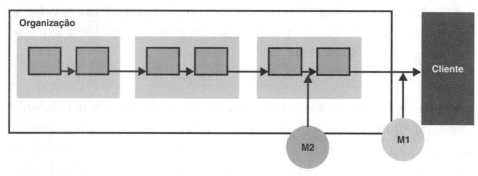

Figura A.2

M1 – medida de Trabalho
M2 – medida de Processo

Um **sistema de medidas** é composto por *indicadores* e suas *metas*, como mostra a Figura A.3.

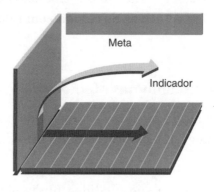

Figura A.3

- **Indicador** – é uma variável utilizada para expressar o resultado de uma medida.
- **Meta** – identifica um nível de desempenho desejado.

Sobre os indicadores, teceremos maiores considerações no desenrolar deste Apêndice.

Cuidados especiais devem ser tomados em relação ao estabelecimento de indicadores e de metas referentes a atividades cujo desempenho e qualidade estão diretamente no uso não-rotineiro do conhecimento. São atividades que em geral dependem de pesquisa, da *expertise* individual e/ou de *insigths*. Pertencem a essa gama de trabalhadores pesquisadores, arquitetos, advogados etc. Thomas H. Davenport, em seu livro

Pensando fora do quadrado, aborda com bastante detalhes esse caso particular.

▪ Etapa 5: Padronização do Processo

O padrão contribui para o crescimento das pessoas, embora com freqüência ouçamos críticas à padronização dos processos, sob a alegação de que essa prática acaba por engessar a organização. Sobre esse assunto, nossa visão é um pouco diferente.

Conceitualmente, o padrão é o registro da melhor maneira de se executar uma tarefa. Assim, supõe-se que, a cada oportunidade de melhoria identificada, uma ação corretiva deva ser tomada e incorporada de imediato ao padrão vigente, gerando sua pronta atualização. Ocorre que na maioria das organizações não existe uma sistemática capaz de responder prontamente às necessidades de atualização dos padrões vigentes.

Antes do surgimento da microinformática, havia uma certa dificuldade na agilização da atualização de normas e manuais. Hoje, contudo, as redes internas pulverizaram essa justificativa. Ainda assim, constatamos em muitas organizações a inexistência e/ou a ineficiência dos processos de manutenção de documentos; práticas obsoletas se perpetuam, gerando procedimentos informais e, o que é pior, insatisfação tanto dos clientes quanto dos operadores desses procedimentos.

Os padrões devem ser estabelecidos incorporando as seguintes características:

1. Simplicidade, para serem entendidos por qualquer usuário.
2. Exeqüibilidade, dentro das condições ambientais da organização.
3. Mensurabilidade, para permitir a aferição do desempenho.
4. Consenso da equipe de desenvolvimento.
5. Fundamento na prática.
6. Direcionamento para seus usuários.
7. Atualização em relação às melhores práticas identificadas.

Os padrões podem ser classificados em gerenciais e operacionais, como mostra a Figura A.4. Eles se diferenciam por seus objetivos. Enquanto o padrão gerencial foca o desempenho do processo, o padrão operacional está focado na conformidade com os procedimentos previamente estabelecidos.

Padrão gerencial	Padrão operacional
O foco é a seqüência das funções que compõem o processo	O foco é a seqüência das tarefas que compõem a rotina do posto de trabalho
Requisitos de entrada e de saída do processo	Requisitos de entrada e de saída do posto de trabalho
Medidas de desempenho do processo	Medidas de controle do posto de trabalho

Figura A.4

Os padrões operacionais podem descrever o passo-a-passo de uma tarefa ou simplesmente ser representados por um fluxograma.

Tanto os requisitos de entrada quanto os de saída, bem como os indicadores estabelecidos, deverão constar dos dois padrões.

Responsabilidades em relação à padronização:

a. Responsabilidades dos *gerentes*:

- estabelecer o padrão;
- treinar os executantes;
- eliminar as causas de não-conformidade identificadas;
- estimular a melhoria contínua do padrão.

b. Responsabilidades dos *executantes*:

- oferecer sugestões das melhores práticas durante a elaboração do padrão;
- atuar em conformidade com o padrão;
- propor melhorias no padrão vigente; e
- identificar não-conformidades ao padrão.

Quando retrata a melhor maneira de se realizar um processo, ou seja, quando está apoiado numa sistemática de atualização ágil e participativa, o padrão torna-se uma ferramenta eficiente na obtenção de ganhos de produtividade.

■ Etapa 6: Implantação e Ajustes do Padrão Estabelecido

Na data aprazada para início do funcionamento do novo padrão, todos os recursos, incluindo as aplicações informatizadas, devem estar disponíveis e testados. O resultado e desembaraço dos operadores devem ser objeto de acompanhamento, avaliação e ajustes, quando necessário.

Bibliografia

ASSOCIAÇÃO BRASILEIRA DE NORMAS TÉCNICAS (ABNT). NBR ISO 9000. *Sistemas de gestão da qualidade*: fundamentos e vocabulário. Rio de Janeiro: ABNT, 2000.
_____. NBR ISO 9001. *Sistemas de gestão da qualidade*: requisitos. Rio de Janeiro: ABNT, 2000.
_____. NBR ISO 9004. *Diretrizes de gestão da qualidade*. Rio de Janeiro: ABNT, 2000.
_____. NBR ISO 19011:2000. *Diretrizes para a auditoria dos sistemas de gestão da qualidade e/ou ambiental*. Rio de Janeiro: ABNT, 2001.
BANCO INTERAMERICANO DE DESENVOLVIMENTO (BID). Disponível em <http://www.iadb.org> (acesso em maio de 2003).
BANCO INTERNACIONAL DE RECONSTRUÇÃO E DESENVOLVIMENTO (BIRD). Página do Banco Mundial. Disponível em <http://www.bird.org> (acesso em maio de 2003).
CAMPOS, V. F. *Qualidade total*: padronização de empresas. Belo Horizonte: Fundação Christiano Ottoni, 1992.
DAGNINO, B. V. *Auto-avaliação de empresas*: o primeiro fórum europeu de auto-avaliação da qualidade. São Paulo: FPNQ, 1994.
FUNDAÇÃO PARA O PRÊMIO NACIONAL DA QUALIDADE (FPNQ). *Critérios de excelência*: o estado-da-arte da gestão para a excelência do desempenho. São Paulo: FPNQ, 2002.
_____. *Primeiros passos para a excelência*. São Paulo: FPNQ, 2002.
GATES, B. *A empresa na velocidade do pensamento*. São Paulo: Companhia das Letras, 1999.

136 Bibliografia

HAMEL, G.; PRAHALAD, C. *Competindo pelo futuro*. Rio de Janeiro: Campus, 1995.

HRONEC, S. *Sinais vitais*. São Paulo: Makron Books, 1994.

INDICADOR NACIONAL DE ANALFABETISMO FUNCIONAL (INAF). Disponível em <http://www.inaf.com.br> (acesso em março de 2003).

JURAN INSTITUTE. *Reengenharia dos processos para vantagem competitiva*: gestão da qualidade dos processos de negócio (BPQM). Rio de Janeiro: Grifo, 1994.

KAPLAN, R. S.; NORTON, D. P. *A estratégia em ação*: balanced scorecard. Rio de Janeiro: Campus, 1997.

KRAMES, J. *Jack Welch de A a Z*. Rio de Janeiro: Campus, 2002.

MAXIMINIANO, A. *Introdução à administração*. 4. ed. São Paulo: Atlas, 1995.

RUMMLER, G. A.; BRACHE, A. P. *Melhores desempenhos das empresas*: uma abordagem prática para transformar as organizações através da reengenharia. 2. ed. São Paulo: Makron Books, 1994.

WING, M. J. *Como falar com seus clientes*: o que eles têm a contar sobre a sua empresa quando você faz as perguntas certas. Rio de Janeiro: Campus, 1998.

YIN, R. *Estudo de caso*: planejamento e métodos. 2. ed. Porto Alegre: Bookman, 2001.

Pré-impressão, impressão e acabamento

grafica@editorasantuario.com.br
www.editorasantuario.com.br
Aparecida-SP